U0750681

國立暨南大學法律叢書
影印本編輯委員會

民法債編各論

影印本

國立暨南大學法律叢書

【韋維清 編著】

暨南大學出版社
JINAN UNIVERSITY PRESS
中國·廣州

圖書在版編目（CIP）數據

民法債編各論/韋維清編著. —影印本. —廣州：暨南大學出版社，2017.8
(國立暨南大學法律叢書)
ISBN 978-7-5668-2169-0

Ⅰ.①民…　Ⅱ.①韋…　Ⅲ.①債權法—研究—中國　Ⅳ.①D923.34

中國版本圖書館CIP數據核字（2017）第183755號

民法債編各論（影印本）
MINFA ZHAIBIAN GELUN（YINGYINBEN）
編著者：韋維清

出 版 人：徐義雄
策劃編輯：李　戰
責任編輯：周海燕
責任校對：何利紅
責任印製：湯慧君　周一丹

出版發行：暨南大學出版社（510630）
電　　話：總編室（8620）85221601
營銷部（8620）85225284　85228291　85228292（郵購）
傳　　真：（8620）85221583（辦公室）85223774（營銷部）
網　　址：http: //www.jnupress.com
排　　版：廣州市天河星辰文化發展部照排中心
印　　刷：佛山市浩文彩色印刷有限公司
開　　本：787mm × 1092mm　1/16
印　　張：20.625
字　　數：178千
版　　次：2017年8月影印本
印　　次：2017年8月第1次
定　　價：68.00圓

影印本叢書總序

國是穩固有序，百姓安康樂業，關鍵在於法治。近代以降，中華法律人篳路藍縷，以啓山林，革故鼎新，薪火相承。

暨南法科肇始於一九二七年，承傳播中華法律文化之志，先知先行，汪翰章、石頴、李謨、黄景柏、王人麟、韋維清、鄭允恭等大家鴻儒躬耕不輟，集數年之功，一九三〇年始由上海大東書局連續出版『國立暨南大學法律叢書』和『國立暨南大學法學院叢書』等系列著述，一九三一年起編輯出版《政治經濟與法律》集刊，爲中國法治奔走呼號。

然而，國運坎坷，未待國民政府實質建立社會規範，即遭强敵入侵。暨南法律人的法治夢想與國人同，始於社會動盪，夭於炮火硝煙。改革開放以來，撥亂反正，國是民生步入正軌，法治夢想重獲新生。一九八七年暨南法科順勢復辦，人才漸集，新一代暨南法律人扎根嶺南大地，承前人之志而奮起，歷三十載育六千桃李，輸送了一批又一批法治棟樑，聲播華夏、教澤五洲。

從一九二七年至二〇一七年，暨南法律人風雨兼程、上下求索，暨南法科幾經沈浮而終涅槃再生，重振輝煌。值暨南法科九十華誕之際，特將『國立暨南大學法律叢書』部分著述及《政治經濟與法律》第一卷付梓影印，以銘記先輩開拓之功，激勵同仁尚法之志，並啓迪後人前行之路！

是爲序。

朱羿錕

二〇一七年七月十日

民法債編各論

國立暨南大學法律叢書

上海大東書局印行

民法債編各論

韋維清編著

1931

上海大東書局印行

例言

一 編者濫竽法曹。並任暨大民法債編講席。講稿散漫。迄未刊行。同事汪翰章先生前主編暨大法律叢書。曾以編纂民法債編各論相囑。顧以人事草草。久無以報。爰將平時講稿。從事筆削。期與新法之精神無間。惟倉卒付梓。多欠斟酌。而於理論之間。謬抒管見。海內明達。諒而教之。

一 本書係根據我國新民法及其有關係法令。爲演繹之編輯。於煩難處隨設事例以譬喻之。俾閱者易於醒目。且便於學校教本及實務家參攷之用。

一 本書論述。原據現行法令。但遇重要關鍵。間嘗援引外國法例比較研究。

一 本書括弧內僅載某某條者。均指我國民法第若干條文。其稱德民某某條者。則指德國民法第若干條文。餘類推。

一 本書參攷國內外名著甚多。惟因行文之便。致未逐一釋明。殊深歉仄。幸祈諒之。

編者韋維清識

國立暨南大學法律叢書

民法債編各論目錄

民法債編各論

導言

本編依照政府新頒布之民法債編第二章所訂。原以研究各種之債為目的。但如買賣、互易、計算、贈與、租賃、借貸、僱傭、承攬、出版、委任、經理、代辦、商居間、行紀、寄託、倉庫、運送、合夥、證券、定期金、和解、保證各節。莫不與契約之意義種類有關。爰仍首及契約。次再按照法定逐節分款以釋明之。

第一章　契約之意義及種類

第一節　契約之意義

契約者。當事人間以發生私法上之關係為目的之意思表示之合致。所謂有二個以上互相對待的意思表示。為其成立要件之法律行為也。其定義可析言如下。

第一、契約者。意思表示之合致也。　債之發生原因。大別爲二種。一爲因當事人之意思表示而生者。一爲不因當事人之意思而基於他之事實而生者。前者如廣告遺囑之類。後者如管理事務不當得利侵權行爲之類。所謂意思表示之合致者謂當事人兩造因某種目的各表示其意思。而所表示之意思。彼此均已符合之謂。若兩造之意思分歧。尚不得謂契約之成立。此契約之法律行爲。所以謂之雙務行爲也。

第二、契約者。當事人間以生法律上效果爲目的之意思合致也。　雖有二人以上之意思合致。然不必皆爲契約。必其合致以生法律上效果爲目的者。始可謂之契約。故如道德上、社交上之關係。雖其意思合致。究不得名爲契約也。又法律上之效果雖屬於當事人間。非對當事人以外而言。故如法人設立之決議。或總會之決議。皆不得謂之契約也。

第三、契約者。以使生私法上效果爲目的之意思合致也。　生法律上關係之意思合致。不必皆爲契約。必生私法的關係者。乃爲契約。故生國際的意思合致。如國際條約。乃屬於公法的關係之意思合致。如關於郵政、電信之發送行爲皆非契約也。

關於契約之效果。古來法制及學說。議論頗多。或以爲僅限於發生債權關係。或以爲兼以債權關係之發生、變更、消滅爲目的。又或更擴張其範圍。以爲不獨債權。卽物權關係。以及身分關係。亦可適用。蓋契約之意義。在古代皆採狹義之解釋。至近世則多從廣義之解釋。在日本民法典契約節內、認爲應從一般法律行爲之通則。並不更設規定。我民法債編第一五三條至一六六條卽本此主義以爲規定者也。

第二節　契約之種類

契約可依各種標準爲分類。大別之爲左列八種。

第一、雙務契約單務契約。　雙務契約者。當事人相互負擔債務之契約也。例如買賣契約。賣主有交付物件於買主之義務。買主有交付代價於賣主之義務。故爲雙務契約。其他互易、租賃、借貸、雇傭、合夥、和解等契約。皆屬之。但所謂代價。不以兩造之給付。在客觀方面。有同一價格爲限。乃以其兩造所擔負之給付。在主觀方面。係以相對人所擔負之給付。爲報酬而足。單務契約者。僅當事人之一造。對於彼造擔負債務之契約也。如消費借貸契約。借主有到期返還借用物之義務。故爲單務契約。他如贈與、無償委任、寄託等契約。皆屬之。

羅馬法於雙務契約。更分爲完全之雙務契約。與不完全之雙務契約二種。凡契約之效果。即時生雙方債務者。爲完全之雙務契約。例如寄託在契約成立之際。僅受寄託者。負返還寄託物之義務。固純然單務契約也。但受寄者因保管其寄託物。支出必要之費用時。（如動物之飼養費。家屋之修繕費之類。）得對於寄託者請求賠償。其寄託者。亦負必償之義務。此時即成爲雙務契約。惟因其雙方之義務。非生於結約之時。而生於結約後偶然之事故。故謂之不完全之雙務契約。雖然此等補償之義務。並非必然發生者。且不發生於契約成立之時。而發生於契約成立之後。則於契約之本質。仍無變更。是不完全之雙務契約。仍即單務契約也。其他如代理、動產質、亦然。

至區別雙務契約與單務契約之實益。即雙務契約。其相對人已屆清償期。在未提存其給付以前。得拒絕自己債務之履行。若單務契約。則無此利益也。

第二、有償契約。無償契約。　有償契約者。當事人雙方互受利益之契約也。無償契約者。僅當事人之一方受利益之契約也。如買賣互易及附利息之借貸等。均爲有償契約。而贈與及無報酬之委任、寄託、使用借貸等。均爲無償契約也。有償契約通常皆指當事人間自受利益而言。然有時不自受之。而使第三人受之者。如甲爲乙而給利益於丙。或乙爲甲而給利益於丁。要之均不失爲有償契約也。至有償無償之區別。與前述之雙務單務之區別。極爲相似。故法制上、及學說上、往往混而爲一要之雙務契約。通常雖爲有償契約。然有償契約。則未必卽爲雙務契約。又無償契約。通常雖爲單務契約。然單務契約。則未必卽爲無償契約。蓋當事人雙方負義務者。必其雙方皆有利益。故雙務契約。可謂爲有償契約。然有時一方受利益初無何等義務。故有償契約。未必卽爲雙務契約也。又受利益者。僅在當事人之一方時。必其負義務者。亦僅其一方。故無償契約。常爲單務契約。然受利益者。雖有雙方而出資倘僅在一方時。則必僅其一方負義務。故單務契約。未必卽爲無償契約。例如附利息之消費借貸。雖爲有償契約。然非雙務契約也。

區別契約之有償無償。其實益大致有二。(一)當事人之能力。(二)應適用之法規各有不同也。

第三、諸成契約。要物契約。　諸成契約者。僅因當事人之承諾而成立之契約也。如買賣、互易、租賃、借貸、代理、保證等契約。皆爲諸成契約。要物契約者。當事人承諾之外。尙須交付目的物之契約也。如消費借貸、使用借貸、動產質等契約。皆爲要物契約。

在昔羅馬。於契約之形式。凡分爲四種。（一）要物契約。（二）口頭契約。（三）書面契約。（四）諾成契約。蓋其時人智未發達。各人之信用未孚。其證據之途亦不備。故其契約以要物與要式者居多。其後社會進步。羣知注重當事人之意思。於是從來注重方式之習慣。漸歸消滅。而口頭契約。最先絕迹。既而書面契約。與要物契約亦逐漸減少。至於近世。則諾成契約之範圍益張。彼要物契約。書面契約。幾成爲諾成契約之例外。此蓋進化之自然。無足異也。要物契約。既以物之現實交付爲必要。故在訂約以後。目的物未交付以前。不過爲一種無名契約。如甲允貸百元與乙。在未付款以前。其契約雖屬有效。然祇成爲無名契約。不得逕謂之借貸契約也。

至區別諾成與要物契約之實益。不過在契約締結之當時。一則僅因當事人之承諾而契約成立。一則物未交付之間。其契約不成立。此其相異之點也。

第四、實定契約。射倖契約。　實定契約者。當事人之損益。自訂約之初。卽已確定之契約也。如買賣、互易、等契約是已。射倖契約者。當事人之損益。在訂約時不確定。而用未來之偶然事實。以分配損益之契約也。如終身定期金契約、保險契約、是已。至買賣契約。亦有因後日物價之變動。而影響於當事人之損益者。但其變動非由契約上而來。故仍爲實定契約。又附條件之契約與射倖契約相似而實非。今比較其相異之點。卽附條件之契約。其效力之發生消滅爲不確定。初非其損益之命運不確定。至射倖契約。則效力已發生者損益之運命不確定。此二者相異之點也。

第五、主契約。從契約。　主契約者。不關係他種契約。而能獨立存在之契約也。如買賣、祖賃、借貸、等皆是。從契約者。非附隨他種契約。卽不能獨立存在之契約也。如保證契約、質權、或抵押權、設定之契約是也。主契約從契約之區別。全屬於事實問題。故通常主契約。往往有因於事情而成爲從契約者。卽以買賣與借貸論之。甲對於乙。既訂約出賣其家屋。而金錢之借貸。則從契約也。

至區別主從之實益。凡主契約無效者。從契約亦必隨之無效。至從契約無效。主契約並不因之無效。此相異之點也。

第六、有名契約。無名契約。　有名契約者。法律上定以特別之名稱。而又有特別規定之契約也。如買賣、互易、借貸、等是。無名契約者。法律上無特定之名稱。而亦無特別規定之契約也。通常所謂汝與則我與。汝與則我爲。汝爲則我與。汝爲則我爲。四種契約屬之。夫契約事項。至爲繁頤。欲一一規定之。不惟不堪其勞。亦且事有不可。故法律第就契約中重要而常適用者。預爲規定。謂之有名契約。其不常適用者。不復規定。並不附以特別之名稱。謂之無名契約。要其爲有效之契約。而應受法律之保護。則二者固無殊也。凡有名契約。當然適用其特別規定。不生何等問題。至無名契約。應適用契約通則。及類似有名契約之規定。例如有償契約。則準用買賣等之規定也。

第七、死後契約。生前契約。　死後契約者。以死亡時爲期。使發生法律上效果之契約也。如因贈與者之死亡而生效力之贈與是也。生前契約者。除死後契約外。其他契約皆是。如買賣、租賃、借貸等契約是也。此區別之效果在於契約效力之發生時期之不同。

第八、要式契約。不要式契約。　要式契約者。當事人於意思表示外。仍須踐一定方式之契約也。不要式契約者。無須踐一定方式。即可有效之契約也。歐洲羅馬時代。要式契約最多。近世文明進步。則關於身分之行爲。如結婚、立嗣、等契約在各國立法例。必提出證書於戶籍吏。是爲要式契約。此外如買賣、租賃、借貸等則任當事人之意思爲之。無須踐一定之方式。我民法所採用之主義。亦以不要式爲原則。要式爲例外。洵適合近世之法律思想也。

以上八種分類。凡契約之重要者。大概不外乎此。惟此八種之區別。並非各不相容。往往一種契約有兼占八種中之數種者。如買賣契約。即兼爲雙務、有償、諾成、不要式、等契約也。

此外尚有爲第三人所訂之契約。及本契約。暨預約、各種。爲第三人所訂之契約者。謂有特種契約。法律上使當事人以外之第三人。直接取得請求給付之權利者是。預約者。使擔負將來應締結一定契約。（卽本契約）之債務之契約也。例如買賣之預約。消費借貸之預約是也。

第二章　買賣

第一節　買賣之意義

買賣之意義。古來學說及立法例甚多。今撮其重要者。述之如左。

第一、買賣者。一造負交付或物件之義務。他造負支付價金之義務之契約也。依此定義。則賣主一造所負之義務。爲交付物件之義務。而非移轉權利之義務。與近世立法例。買賣之觀念。爲權利移轉。而非物之占有之移轉者。不能相容。以此解釋。實不能表明買賣之意義。故學者多非難之。蓋此說係根據羅馬法而來。羅馬法關於買賣之規定。不特不使移轉所有權。且並不生所有權移轉之義務。惟賣主負有使買主依所有人名義平穩占有其物之義務而已。故此說不足採用。

第二、買賣者。移轉所有權之契約也。　依此定義。則買賣之標的。僅爲所有權之移轉。而他權利之移轉不包含之。然所有權以外之權利。初無不得爲買賣標的之理由。故此說亦不完全。

第三、買賣者。一造負移轉其物與權利之義務。他造負支付價金之義務之契約也。　此爲德國民法之主義。我民法亦本此主義爲規定者也。

第四、買賣者。當事人之一造。約移轉其財產權於相對人。相對人約支付其價金之契約也。　此卽以價金與權利相轉換爲標的之契約。以之解釋買賣之意義。爲最適合。日本新民法卽依此規定。我民法三四五條仿之。按日本民法買賣之標的物。限於財產權。德國民法。則爲物與權利。似解釋買賣之意義。二者範圍廣狹不同。不知言及權利。當然包含因其權利而占有之物。故在日本民法。亦不能限於財產權。是日德兩國民法。大體上無大差異也。玆本此意義。析言如下。

（一）買賣者。契約也。　買賣爲單純之契約。原無可疑。而有以爲以權利移轉爲標的之讓與行爲者。蓋以特定物之買賣。直爲所有權之移轉。而不發生債權關係。既不發生債權關係。斯不得謂爲契約。此說以契約爲以債權發生爲標的之法律關係。見解固已錯誤。且以此意義而解釋契約。其他窒礙之點亦多。蓋特定物之買賣不過所有權移轉之義務者。買賣行爲之成立。同時完結。故其後不留存債務關係之跡耳。實則買賣行爲之效力。賣主尙負有交付其標的物。及擔保之義務。則不得謂絕無義務可知也。且本於契約之法律行爲。民法總則編之規定。不僅在於債務關係之發生。故特定物之買賣。仍爲契約。而非讓與行爲也。雖然買賣究爲何種契約。玆就其契約之性質說明之。

（甲）買賣者。有償契約也。　買主有取得財產權之利益。賣主有取得價金之利益。故爲有償契約。

(乙)買賣者雙務契約也。　買主負支付價金之義務。賣主負移轉權利之義務。故爲雙務契約。

(丙)買賣者諾成契約也。　一造約明移轉財產權。一造約明支付價金。其契約卽生效力。換言之兩造旣有意思表示。雖相互間尙未交付物品與價金。而買賣已有效成立。故爲諾成契約。

(二)買賣者當事人之一造約明移轉財產權與相對人之契約也。　財產或財產權均爲法律上實際上慣用之成語。據普通之見解。所謂財產權者。吾人有可處分之目的之權利也。旣爲有可處分之目的之權利。則民法中物權、債權、無論矣。卽特別法所規定之出版權。特許權。商標權、意匠權及鑛山採掘權。其目的凡爲吾人所得處分者。皆不得不謂之財產權。但雖皆爲財產權。而其中屬於學問上或精神上利益之權利。依其性質有一經移轉於權利者以外之人。卽不能達其效用者。故不皆可爲買賣之標的。又如基於身分關係之扶養權。雖亦爲財產權。然法律上不許讓與他人。故亦不得爲買賣之標的。然則所謂財產權、以性質上或法律上得爲移轉者爲必要、非泛指一切財產權也。（民法三四七條、）

（三）買賣者。相對人約支付其價金之契約也。　此爲財產權移轉之對價不可不由一造支付之。然此價金之支付。須爲金錢、或可代用金錢者。否則非買賣。而成爲他種契約矣。又金錢是否有價金之性質。須爲可供量定價格之用者。若以金錢視爲一種之物件。亦不得謂之價金也。價金雖必以金錢爲之。然不以契約成立時。確定其額爲必要。如依一定時日之市場價格定之。或使第三人定之。均無不可。惟使第三人定價額時。如第三人死亡。或不表示價金確定之意思者。其買賣不生效力。蓋以第三人確定價額爲條件。條件不成就。斯契約不成立也。至價金雖不必一定。然非現實不可。現實云者。卽非虛僞的非名義的之謂。初不必與時價相當。苟兩造以此價格爲眞實。卽比之時價有高低之差。亦所不妨也。（民法三四六條。）

第二節　買賣之價金

在昔立法例於價金中有所謂定銀者。當締結買賣契約時。自當事人之一造。以金錢或其他有價物交付於相對人者。謂之定銀。定銀在法律上有如何之性質。論者頗不一致。有以爲契約成立之證據者。有以爲契約履行之擔保者。有以爲價金一部之支付者。有以爲解除契約之方法者。但買賣之擔保。及證據等。尙有別種方法。無用定銀之必要。至以爲價金支付之一部。則又何必用定銀之名稱。此我新民法所不取也。

至各當事人於履行契約開始之前。如買主已支付其價金之全部或一部。其性質如係分期付價之買賣。除買主有連續兩期給付之遲延。而其遲付之價額已達全部價金五分之一外。賣主不得請求支付全部價金。（民法三八九條。）

又分期付價之買賣。如約定出賣人於解除契約時。得扣留其所受領價金者。其扣留之數額。不得超過標的物代價五分之一。及標的物受有損害時之賠償額。（民法三九〇條。）

第三節　買賣契約之費用

關於買賣契約之費用。應歸何人負擔。各國立法例規定不一。有因當事人無特約之故。定爲歸買主負擔者。（法國民法）似此規定。甚不公平。何則買賣契約。有償契約也。有償契約。其兩造有共受平等利益之權利。故由買賣所生之費用。除法律另有規定。或契約另有訂定。或另有習慣外。應由兩造平均負擔。方爲公允。我民法三七八條第一款。卽本此以爲規定者也。此外尙有應附帶說明者。卽移轉權利之費用。運送標的物至淸償地之費用。及交付之費用。則應由出賣人負擔。又如受領標的物之費用。登記之費用。及運送淸償地以外處所之費用。則應由買受人負擔。（民法三七八條第二款第三款。）

第四節　買賣之效力

買賣契約者。雙務契約也。雙務契約之原則。於契約成立時。當事人雙方同時負有義務。故欲說明買賣之效力。其主要在於兩方買賣之義務。其次爲危險負擔問題。及買受無能力問題。以下分項說明之。

第一項　賣主之義務

由買賣契約所生賣主之義務。一言以蔽之。卽負擔使買主取得財產之義務也。欲完此義務方法頗多。茲分款說明如次。

第一款　權利轉移及物件交付之義務

買賣契約。以財產權移轉爲標的。不僅以移轉占有或擔保其處分權爲標的。故所有權之賣主。其主要在移轉其所有權。自應負交付其標的物之義務。至所有權以外權利之賣主。其應負移轉其權利之義務。固不待言。若其權利爲地上權等。以占有其物爲必要者。並有交付其標的物之義務。蓋非此不足以達買主之目的也。(民法三四八條。)

第二款　權利之瑕疵擔保義務

權利之瑕疵擔保。又謂之追奪擔保。追奪擔保者。履行財產權移轉義務之一方法。於買主不能完全取得其買受權利時。應充補其欠缺之義務也。約言之。卽使完全財產權移轉義務之補助方法。乃買賣契約中當然之義務。非因買主不能受得其權利。而使賣主負一種特別義務也。此種義務。仍可分爲二種。

第一擔保權利之完全。　賣主對於買主之義務。其最要者。卽在擔保無第三人就標的物得主張其權利。如其有之。卽所謂權利之瑕疵。而買主不能完全取得其財產權。以達其契約之目的矣。此時賣主。卽負有除去之義務。所謂追奪擔保是也。(民法三四九條。)

第二擔保權利之存在。　以債權或其他權利。(例如著作權。)爲買賣之標的者。

賣主須擔保權利之存在。蓋買賣之標的物。雖不以現實爲必要。然其權利如已不存在。卽不能爲買賣之標的。交易上當然之理也。若以有價證券爲買賣之標的。則該賣主並應擔保該證券行使有效。不爲公示催告之標的物。蓋非此不足以保護買主之利益也。（民法三五〇條）

雖然、前述之權利瑕疵擔保。因買賣時。買主不及知。不得不使賣主負此義務耳。若買主明知權利有瑕疵。或明知權利之不存在。而又無反對之意思表示。則應認買主爲拋棄追奪擔保權。故賣主可不任擔保義務。（民法三五一條）

權利瑕疵擔保。既爲賣主之義務。若賣主不履行此義務。應有如何之制裁乎。此時買主得依雙務契約所規定。至賣主履行擔保義務時。止拒絕自己所負擔之給付。或請求不履行之損害賠償。或解除契約。抑或使提出擔保與減少價金。此等權利。悉聽買主選擇行使之。但所謂賣主之擔保義務。非絕對的義務。當訂立契約時。苦買主免除之。或限制之者。法律上應認爲有效。何也。權利瑕疵之擔保義務出有保護買主之意。原與公益無關。故買主自願拋棄其利益。法律無禁止之理也。雖然。此種特約。原則上雖屬有效。若賣主故意利用此特約。而於權利顯有瑕疵者。祕不告知於買主。則違交易上誠實及信用。於一般公益上亦有妨礙矣。故其特約應歸無效，（民法第三五五條。）

權利之有無瑕疵。係一事實問題。若買主主張其權利有瑕疵。而賣主有爭執時。此時舉證責任。屬於何人乎。夫爲買賣標的之權利。以無瑕疵者爲常。旣以無瑕疵者爲常。則任證明之責者。應屬於主張有瑕疵之買主。若買主不能證明。應推定其爲無瑕疵。以維持買賣之效力也。（民法三五八條二項。）

第三款　物之瑕疵擔保義務

物之瑕疵擔保義務者。因買賣標的物有瑕疵。致賣主不能完全履行權利移轉之義務時。負擔此義務者也。從來之立法例及學說。以此擔保義務之性質。與追奪擔保觀念不同。蓋以爲此種義務。非自買賣契約而生者。乃自標的物性質而生之別種責任也。蓋標的物爲權利之所寄。標的物瑕疵。則權利等於空設。是賣主移轉財產之義務。終未能履行完結也。故對於物之瑕疵。賣主仍應負擔保之義務。茲將此義務分述如次。

第一物之價格、或其使用價值之瑕疵。　此項義務擔保義務。謂之當然擔保義務。或曰必要的擔保義務。蓋買主之於標的物。在於得以安全使用。若當標的物之危險移轉於買主時。其物之價額與用法。有滅失或減少之瑕疵。則買主不能達契約之目的。卽就一般交易上之誠實及信用言之。亦大有妨礙。故應使賣主負法律上責任。（民法三五四條。）

第二物之性質上瑕疵。　此爲特約擔保義務。與前述法律上擔保責任不同。蓋物之性質上瑕疵。非具有特別經驗及才力者。不能知之。例如、交付供軍用之馬。應確保其堪任軍用之性質。如以駕車之馬爲給付者。卽爲違背確保性質。苟當事人有特約訂明者。賣主應負擔責任也。（民法三五四條第二項。）

雖然瑕疵擔保之義務。固爲買賣契約當然之結果。但賣主亦有時不任擔保之責者。如左。

(一)物之瑕疵。爲買主明知時。　標的物之瑕疵。以不表現於外。而買主不知者。乃可使賣主負擔保之責。設買主明知其有瑕疵。仍與之締結契約。是自拋棄其於本瑕疵而請求擔保之權利也。故賣主不負擔保之責(民法三五五條)

(二)物之價格或其使用價値之瑕疵。因買主重大過失而不知時。　買主結約時。因重大過失而不知瑕疵。則其咎在買主。應與已知者同。賣主亦不負擔保之責。惟對此原則。尙有二例外。一爲賣主故爲隱蔽其瑕疵者。二爲賣主特擔保其無瑕疵者。故意隱蔽其瑕疵。則違誠實及信用之原則。法律不保護之。特擔保其無瑕疵。則本有履行特約之義務。故雖因重大過失而不知。仍應使之任其責也。(民法三五五條、第二項)

依以上說明。可知賣主之瑕疵擔保義務。為買賣契約當然之結果。雖然賣主之義務。即為買主權利之原因。故買主於發見瑕疵後。其得行使之權利。約有四種。曰解除買賣。曰減少價金。曰請求損害賠償。曰請求給付無瑕疵之物。分述如下。

第一解除買賣。解除買賣者。買主因物之瑕疵發見。解除其契約。而退還原物。使原狀回復是也。買賣為契約之一種。故買賣之解除。其得適用契約解除之規定。所不待言。然買賣契約之特質。亦有與一般契約不同者。故因瑕疵擔保而生之解除權。分別述之如下。

（一）買主不因標的物加工或改造。而妨礙買賣之解除。通常契約之解除。其各當事人負有回復原狀之義務。故標的物經加工或改造後。因原狀已不能回復。使消滅其解除權。但在於買賣契約。則標的物之瑕疵。賣主當然負擔責任。假令乃於處分標的物時。始發現有瑕疵。若不得行使解除權。則買主固受損害。而賣主亦可利用之。故意隱蔽其瑕疵矣。故特限制其適用。以保護買主之利益。

（二）賣主對於買主須賠償契約之費用　關係買賣契約之費用。以當事人平分負擔爲原則。至契約解除。則因解除之原因不同。而費用之負擔亦異。由買主解除。應由買主負擔之。若賣主解除。應由賣主負擔之。此雖無明文規定。而據理可以推知也。若因物有瑕疵而解除買賣者。則買主一方面。既非其心之所願。在賣主一方面。實屬咎無可辭。故應使賣主賠償其約契之費用。方得事理之平也。（參照民法三七五條第二項）

（三）買主因不動產之面積不足。而於己無利益時。爲限得解除買賣　此爲特約擔保之結果。蓋不動產中。土地居重要部分。而土地之買賣。習慣上概以面積之大小。定價格之等差。若不動產之賣主。確保其有一定之面積者。則與動產之買賣。確保物之性質同。但買主對於此不動產。雖不能如初意之所定。或可移作他用者。如不能以之建築房屋。而可以之改造花園。則可請求減少價額。或爲損害賠償。不必即解除其契約。苟因面積不足。而於己無利益者。如買主原擬購地築屋三進。而面積祇可築屋二進。此時應許解除買賣以保護其利益。（參照民法三五九條）

（四）數宗標的物中一宗有瑕疵之解除　以總價金將數宗之物同時賣出。其一宗有瑕疵者。買主得僅就其一宗物解除買賣。並有時得就一切物解除買賣。前者爲無條件之解除。如以價金一千元賣出花瓶二件。其一件有瑕疵、則雖以總價金同時將二件賣出。仍得就有瑕疵之一件解除買賣是也。後者必須當事人顯受損害。不能將有瑕疵之物。與他物分離者。法律爲保護當事人利益起見。許一併解除其買賣。如以二百元買畫四幅。若一幅有瑕疵。則其餘三幅即不能用。此時當許買主將此四幅畫之買賣解除之是也。法律所以如此規定者。因前者有同時賣出之嫌。後者因一物而影響於他物。均易啟當事人無益之爭。故特以明文規定之也。（民法三六三條）

（五）主物或從物有瑕疵時之解除。從物附麗於主物。隨主物爲轉移主物有瑕疵應解除買賣者。則雖得從物。亦屬無益。故應一併解除。然買賣之標的原在主物。苟主物無瑕疵。從物有瑕疵時。則改減從物。自必較易。僅解除從物之買賣足矣。其主物之買賣。應仍有效。例如購金表一隻。附購金表鍊一條。若金表有瑕疵而解除買賣。則從物之金表鍊亦當然隨之解除。至從物之錶鍊有瑕疵。則更減其錶鍊可也。金錶之買賣。毋庸解除。（民法三六二條）

第二減少價金。減少價金者。買主雖知其標的物有瑕疵。然仍欲買其物。而請求減少金額是也。如買主發見瑕疵後。不欲解除契約。卽可行使價金減少之權利。法律許買主自由選擇者。非此不足以貫澈保護買主之目的。故也。惟此二種權利。以買主擇一行之爲當。亦有時合併行之。茲進述減少價金之方法。

減少價金之方法。各國法例中有三種制度。（一）有以評價人評定之者。（二）有以法律規定之者。（三）有由審判衙門判定之者。蓋第一方法由評價人就權利及物之瑕疵部分。以當時之市場價格。評定其應減少之額。此法簡而易行。然結果未必公平。故不足採用。第二方法由法律上預定其應減少之額。此法不患其不公。而患其不便。蓋事物之繁頤。時勢之變遷。決不能悉網羅於法律而隨時適用。故實際上殊形窒礙。惟第三方法。使審判衙門因買主之聲請而爲之判定其價額。此法於實際上最爲簡便。故於應減價金之情形。除當事人自行協定減額外。以審判上之判定爲原則。至遇有必要時。得由審判衙門。使鑑定人爲之評價。此屬當然之事。無待明文規定也。

依上所述減少價金之額。既得由當事人請求之。然當事人之兩造。若均止一人者。尚不生何種問題。若其一造有數人者。其請求權將如何行使乎。夫減少價金之請求權。與買賣之解除權。其性質不同。一爲不可分之權利。一爲可分之權利。故應使各人得對各人請求之。然減額之請求權。與買賣之解除權。以擇一行之爲原則。故買主之一人請求減額後。不得再行使買賣解除權。因而其買主全體。亦不得再

請求買賣之解除。

第三請求損害賠償。　解除買賣。暨請求減額之二種權利。得由買主自由選擇。已如前述。然買主之權利不獨前述二種。仍有一代替之權利。即對於賣主得請求不履行之損害賠償是也。但買主得行使此權利者有二條件。

（一）標的物缺少訂約時所擔保之性質者。　賣主以特別確保標的物之性質者。若買主發見其物之性質。與訂約時所担保不符。是爲性質上有瑕疵。則買主解除買賣之契約可也。請求減少其價額亦可也。即均不爲此。而請求不履行之損害賠償。亦無不可。惟損害賠償之請求權。不得與解除買賣暨請求減額同時併行。此不可不注意者也。（民法第三六〇條）

（二）賣主故意不告知標的物之瑕疵者。　在此情形。買主亦得行使前述之權利。蓋標的物之瑕疵。賣主既負有擔保之義務。卽應有告知之責任。乃不惟不告知。而且故爲隱蔽。若不使之行使損害賠償請求權。則買主固蒙損害。而社會且日趨於險詐而信用掃地矣。(參照前條末段。)

第四請求交付無瑕疵之物。此亦爲買主權利之一。乃因種類而定之物之買賣。因其物有瑕疵而行使之權利也。在此情形。買主原不妨就前述三種權利。擇一行之。但旣爲不特定物。則並無解除買賣之必要。而物有瑕疵。雖請求減額。仍無濟於實用。又非請求損害賠償所能滿足希望者。故不如另換他物之爲愈也。(民法三六四條一項。)

代物請求權爲代物淸償乎。抑爲本於瑕疵擔保之請求權之一乎。此點爲向來法學家所聚訟。但以後者爲適於實際。又代物淸償係出於債務人之意思。且所代之物不必爲同種。而代物請求權則出於債權人之意思。又須爲同種類之物。尤與二者差異之點也。

以上四種權利。皆自物之瑕疵擔保義務而生。夫法律所以與買主以此權利者。不外保護善意之買主。而維持交易上之信用也。然此特就買主不知而言耳。若買主明知標的物有瑕疵。而依然領受。其領受又不保留前述之權利。則可推定其不欲享此權利。故法律視為與拋棄權利同。買主於受領標的物時。如主張其物有瑕疵者。其賣主應如何辦理乎。蓋買主既主張物有瑕疵。則是否因此解除買賣尚為不確定之狀態。若長此不確定。殊與賣主不利。故法律使賣主得定相當期間。催告買主為解除。買主如於期間內不為解除者、則失其權利。所以圖雙方之便利也。(參照民法第三五五條三六一條。)

標的物瑕疵之擔保義務。因買主之利益而存。故以特約免除或限制者。法律上當然許之。惟賣主故意不告知物之瑕疵者。則雖有特約亦不能使之有效。(民法三五五條第二項末段。)

最後尚有應說明者。即前述四種權利之時效是也。蓋此項時效。關係於物權之買賣。而物權狀態。利在速定。故各國法制有縮短其間限為一年者。蓋因買主受標的物之交付後。如逾一年。仍不行使前述之權利。非有重大過失。必係自願拋棄權利。即使之消滅。亦不爲過。我民法三六五條。則定期間爲六個月。雖然。此原則也。尙有例外如次。

（一）當事人以特約延長其時效者。　法律規定短期時效之意。固在於一般交易之安全。而注意於保護賣主之利益者居多。故賣主如與買主訂定特約於特約期間內。負擔保責任者。當然得任當事人之自由意思也。

（二）賣主故意不告知物之瑕疵者。　短期時效。利在賣主。已如前述。但善意之賣主法律固應保護之。而非所論於惡意之賣主。故意隱蔽其瑕疵。則是挾有惡意。決不許援用縮短時效。以爲藉口也。（民法三六五條第二項）

（三）時效停止或中斷者。　前述解除權及一切請求權。逾一定期限而消滅者。指時效未經停止或中斷而言也。若買主因保全證據。向審判衙門爲調查證據之聲請者。則自聲請時起。至調查證據程序終止時止。應視爲時效中斷。若一定時效。其期間本已短促。若於調查證據中。仍許進行。則法律雖有許買主行使權利之名。而買主反因此而不得行使權利之實。故非使之中斷不可也。惟買主已經聲請而仍撤回者。或因審判衙門駁回者。不生時效中斷之效力。蓋撤回聲請。是自拋棄其依聲請而生之保護請求。駁回聲請。則法律視爲自始無效。不生中斷之效力也。

消滅時效。係通指四種權利而言。則時效之中斷。亦當然兼及四種權利。蓋此四種權利同時存在。亦同時進行也。故就一權利生時效停止或中斷之效力者。他權利亦生時效停止或中斷之效力。必如此規定。才足以保護買主之利益。否則買主主張價金減少時。他權利轉有因此而喪失。則買主極爲不利也。雖然買主一方面。法律之保護者。可謂周至。而賣主一方面。亦不得不圖所以保護之。故前述各權利之時效。若已完成。法律亦不許買主依抗辯方法而主張之。例如以契約解除權、或價金減少額請求權、爲理由。而拒絕支付價金。或抵銷損害賠償請求權。皆爲法所不許。蓋如許之。則買賣關係依然立於不確實之地位。不能貫澈短期時效之本旨故也。

第四款　法律關係之說明交付書件義務

買賣標的物之法律上關係。其在尋常動產。本無一一說明之必要。而標的物之涉及第三人權利者。與夫不動產之四至丈尺、以及有無為他人設定權利之類。非經賣主確切證明。往往害及善意之買主。故賣主對於買主負有說明之義務。若其標的物本有證明權利之書件者。則於說明之外。尤當以之交付於買主。蓋書件為證明權利之根據。必使之交出。乃昭確實也。雖然、此證明權利之書件。若不歸賣主占有。則又當別論。例如不動產之買賣。其產業與他人共有該書件存於他人手中。則賣主對於買主不必交出該書件。而惟將對於第三人之書件交付請求權。讓與於買主。亦可以代書件之交付也。又該書件雖非為第三人占有。而尚須備他事件之用者。則亦不必交付原本。而惟將公證人及他官署所付之公證節本交付之足矣。

第二項　買主之義務

買賣契約中。買主之義務。其最重者。爲交付價金。與領受買得物二種。價金之交付。爲買主之義務。固不待言。而買得物之領受。普通觀念。皆視爲買主之權利。不知就買主得向賣主請求交付買得物之點觀之。固爲一種權利。而就賣主已提出其買得物之後言之。則買主不容不爲領受。是卽其義務也。且買賣契約成立後。標的物未移轉之前。賣主負有保管之責。如不明定買主以領受之義務。設買主任意遲延領受。詎非使賣主長負標的物之危險。理論上亦有未平。此德國民法所以定爲買主之義務。而我民法第三六七條亦明示其旨也。茲畧就交付價金之義務。說明如下。

第一、價金之價格。　價金數率。通常於訂約時約定。但亦有未定明其數率。僅云依市場價格定之者。夫市場價格。因時因地而各異。苟當事人有特別聲明者。當然不生問題。如未聲明何時何地之市場價格。往往易啟無益之爭論。法律於當事

人之無意思表示者。推定爲以清償期及清償處所之市場價格約定之。蓋所以維持交易之和平。而免其爭議也。（民法三四六條）

第二、交付價金之期限。　價金之交付。若當事人間已約定期限者。則依其特約。不生何種問題。若當事人於訂約時。祇定交付物品之時期。而未定交付價金之時期。究以何時交付價金乎。夫買賣爲雙務契約。依雙務契約之原則。本應同時履行。故法律推定此價金之交付爲與物品之交付同一期限。爲是始合於當事人之意思。且與雙務之契約不背也。（民法三六九條）

第三、交付價金之處所。　交付價金。係金錢債務。依債權通則。苟當事人無特別之意思表示。須向支付時債權人之住址爲之。雖然此特就交付標的物與支付價金不同時者而言。若交付標的物同時應即交付價金者。則其價金須於交付標的物處所交付之。所以節省勞力及費用也。（民法三七一條）

第四、價金利息之支付。　價金有約定利息者。有約定有利息者。無利息者不待言。

有利息者應從何時起息。答此問題。應就買賣之原理上論之。夫買賣者。金錢與實物交換者也。買主既領受實物。應卽時付以金錢。既不卽時支付價金。無異買主利用屬於賣主之金錢。當然向之支付利息。且標的物移轉後。所有由標的物所生之收益。此後皆屬於買主。故自有標的物交付時起。使之支付價金之利息。適兩得其平也。但價金之支付。如本訂有期限者。則期限之利益。爲賣主所允許。故在期間內。不須支付利息。

第五、價金支付之拒絕。 價金之支付。爲買賣契約中買主之當然義務。原無可疑。然法律有時與買主以拒絕支付之權利者。卽標的物之全部或一部有受追奪之虞時。許買主得視危險之限度。拒絕價金全部或一部是也。例如甲向乙購地千畝。忽有第三者丙出而主張其土地所有權。此時甲所買受之地。有全部受損之虞。得拒絕全部價金之支付。若丙出而主張土地之共有。是甲有損失半價之虞也。故得拒絕價金半額之支付。又丙爲主張彼於該地有地上權。將因此失其價金三分之一者。卽可拒絕價金三分之一。丙如主張彼有抵押權地之購價萬元。而丙之債權有七千元時。甲可僅支付三千元。而拒絕七千元之支付。蓋因所買受之權利不確實時。恐於價金上受損。亦事理之當然也。但賣主已提出相當之擔保。則買主可免意外之危險。故無拒絕支付價金之權利。（參照民法三六八條）

如前所述買主因權利有追奪之虞。得視危險之限度。而拒絕支付價金。法律之保護買主。可謂周至。但買主如漫然拒絕支付。則今日雖爲有資力之買主。難保無異日卽爲無資力者。故法律特設一雙方保護之法。在此情形。使賣主對於買主。得請求價金之提存。似此則買主賣主均無被損失之虞。可謂最得公平者矣。按賣主如提出相當擔保。則買主當然支付價金。不生請求提存之問題。本項規定。蓋就不能提出相當擔保者而言也。（民法三六八條第二項）

第六、價金支付之延緩。　買賣爲雙務契約。賣主移轉財產權。買主應卽支付價金。

如買主履行義務有延緩者。賣主得行使其請求權。或解除權。然賣主於履行自己之義務時。並許買主得延緩支付價金者。應視爲拋棄契約之解除權。即不適用。但賣主特保留其解除權者。則不在此限耳。

第三項　危險及費用之負擔。

關於標的物之危險。及契約之費用。亦買賣效力中之重要者。分述如下。

第一、危險負擔。　買賣標的物於訂立契約之後。有因天災、或其他不可抗力。以致滅失或毀損者。其損失應歸何人負擔。此所謂危險負擔問題也。此問題各國學說及立法例均不一致。在羅馬法系諸國。及日本新舊民法。均採債權人負擔主義。英國學者。則採所有人負擔主義。德國民法。則以債務人負擔爲原則。但因交付而危險移轉於債權人。茲將危險移轉之旨。說明於左。

(一)動產自標的物交付時。其危險歸買主負擔。　依物權之原則。凡動產物權之移轉。以交付爲成立要件。買賣契約。雖爲債權。而於危險負擔之點。亦應適用原則。蓋未爲交付。則標的物尚存於賣主之手。當有保管之責任。此時若因天災及其他不可抗力而有滅失或毀損之危險。賣主不可不負擔之。若已經交付。則可脫離責任。而使危險移轉於買主。蓋因交付。而標的物之所有權已移轉於買主故也。又物之危險。旣歸買主。則物之收益及負擔。亦當以同一之理。由屬諸買主。蓋必如是始適合於當事人之意思也。夫法律旣以交付與否定危險負擔之標準。倘賣主如履行交付義務而因買主之遲延致不能實行交付。則雖在交付前。其危險亦當使買主負擔之。（民法三七五條。）

又以現物交付者。固不必論。卽以簡易交付。指示交付。占有改定等方法以代交付。亦未嘗不可。但有疑問者。則在運送中所發生之危險是也。就買賣習慣論。若無特別約定者。賣主本負有將標的物送至履行處所之責任。旣賣主負此責任。則運送中所生之危險。其應由賣主負擔無疑。然賣主若因買主之請求。將標的物送至履行處所以外之處所者。此時若仍使賣主負擔危險。未免失之太酷。故法律爲持平之規定。自賣主將標的物交付於運送承攬人或運送選定人時。其危險卽歸買主負擔。蓋以送付之處所。既爲買主所指定而送付之行爲又爲買主所請求。故自送付時。屬於賣主之必要行爲。已爲完了。不應再使負擔危險也。又標的物運送之方法。有由第三人指定者。（如居間人）有由買主指定者。有由訂約時當事人間協定者。無論何種。如經買主承諾。嚴託賣主行之者。賣主依法而行。途中忽發生危險。亦當由買主負擔之。其理由亦與前同。惟賣主違其指示。而又無正當理由。其因此所生之損害。賣主應任賠償之責。此蓋事理之當然。無待煩言也。（民法三七四條及三七六條。）

（二）不動產自登記時。其危險歸買主負擔。　不動產物權之移轉。以登記爲成立要件。此亦物權之原則也。此項買賣雖屬債權。而亦可以適用。卽自登記而取得權利者。亦卽自登記而不動產之危險移轉。蓋不動產買賣之効力。以登記與否爲斷。不關於受交付與否也。登記以後。危險既移轉於買主。斯不動之收益。或負擔。亦當然隨之。其理由與動產之交付同。雖然此特就未受交付而爲登記者言之。若已受交付而未登記者。又當如何。但自登記時生效力一語觀之。可見登記爲必要條件。在未登記時。應仍由賣主負擔危險也。（參照民法三七三條。）

上述之外。買賣契約中。常有附以條件者。若附以停止條件。則於條件成就前。由賣主負擔危險。蓋以此項買賣之效力。必俟條件成就。始發生故也。例如甲與乙約、如明日落雨。則向乙買傘一柄。（動產）或約以明年結婚。則向乙買屋一座。（不動產）乃訂約之後。不俟落雨與結婚。該傘與屋竟已滅失毀損。此項危險。由乙負擔之是也。若附以解除條件。則於受標的物交付後。或登記後。由買主負擔危險。蓋於此項買賣之效力。必俟條件成就。始消滅故也。如前例甲與乙約明日若不落雨。則將所買之傘退回。或約以明年若不結婚。則不買乙屋。而該傘與屋倘已交付或登記。則其危險無論在條件成就前或成就時發生。自交付與登記時起。即由甲負擔之是也。

第二、費用負擔。關於一般債務履行之費用。債編通則中。已有規定。茲之所謂費用負擔。則專對於買賣之契約之規定也。由買賣契約所生之費用。有應歸買主負擔者。有應歸賣主負擔者。

（一）由買主負擔之費用。屬於買主義務部分所生之費用。及因買主利益所需之費用。應由買主負擔。其事如左。

（甲）承認其物之費用。登記費用。履行處所以外之運送費用。此等費用。或爲買主義務之結果。或爲買主利益之所在。故費用之負擔。除當事人有特約或地方上有習慣者外。均歸買主負擔之。方爲允當。（民法第三七八條第二項）

（乙）危險移轉後。物之交付前。所支出之費用。危險移轉後。物之交付前云者。如不動產之買賣。買主在交付前爲登記。又或有特約是。此等情形。賣主若就買賣標的物有支出之費用。應使買主賠償之。但其賠償之範圍。須視其所支出是否必要爲定。如爲必要費用。則買主當依委任規定向賣主賠償。如非必要費用。則買主當依管理事務之規定。爲賠償。（參照民法三七五條第二項）

（二）由賣主負擔之費用　費用之應由賣主負擔者。爲權利移轉之費用。及標的物交付之費用是也。蓋權利移轉。及物之交付。皆屬於賣主之義務部分。其因此所生之費用。當然歸其負擔。惟當事人約明歸買主負擔。或向來習慣歸買主負擔者。則不得使賣主負擔耳。（民法第三七八條第三款）

以上危險及費用負擔之法則。於賣主關於物之權利。因得占有其物者。亦準用之。爲地上權永佃權地役權等之買賣。必須實行交付其物。關於其物之危險及費用。亦準用前述之法則也。

此外尚有買受無能力一項。買受無能力云者。非謂其人之無能力。乃因於情事法律上限制其買受之能力云耳。夫尋常買賣。本屬任意行爲。法律原無加以限制之理。至强制執行之賣出。則爲保護利害關係人之利益。及表示辦理賣出事務人之公平。不能不限制其買受。其直接辦理賣出事務之承發吏或審判衙門所選任之公正人。與夫利害關係人之委任人。及鑑定事務之輔助人。皆不許爲自己或爲他人買收其標的物。不但此也。卽强制執行以外之賣出。本於因法律規定。以他人記算。有賣出財產權之權利人所委任者。亦應受同一之限制。所謂本於法律規定。以他人計算。賣出財產權之權利人云者。爲質物之賣出。則爲占有質物之債權人。提存物之賣出。則爲依法拍賣之債務人。破產管財人之賣出。則爲加入破產財團之債權人。此等人所委任之人。均與債權債務極有關係。亦應在避嫌之列。以期辦理賣出事務之公平也。(參照民法三九二條。)

夫法律對於辦理賣出事務人。既限制其買受矣。若辦理賣出事務人。違背前述之事項而爲之賣出。及與標的物之交付。亦將發生效力否乎。在此情形。若得債務人債權人及以所有人名義。參與賣出事務之利害關係人同意。則可發生效力。其理由蓋因限制買受之意不過私益上關係。亦既經其本人之承諾。斯無限制之必要故也。然此等利害關係人果同意與否。買主無從知之。法律將使買主定相當期間催告之。使於期間內確爲之答覆。若該利害關係人於期間內不能確答。則法律上視爲不同意。當再爲賣出矣。然此再行賣出之事。乃因利害關係人拒絕同意而生。亦卽因前買主之行爲而生。故新賣出之費用及其價金之減少額。應使前買主賠償之。

第五節　買回

第一項　買回之義務

買回者。賣主於訂立契約時約以他日返還其所支付之價金及契約費用。就標的物保留其買賣契約之解除也。欲說明此定義。先一言其沿革。買回之制度與質權抵押權略同。不喪失其所有權在昔歐洲耶教占勢力之時代。因嚴禁有利貸借。

因而一般需要金錢者。不能向資本家稱貸。欲將傳來之產業售出。以取金錢。則又恐喪失其世襲財產。於是借此方法。既不失其所有權。而能得金錢之用。仍不居有利貸借之名。此買回制度所由仿也。近世以來。有利貸借已爲法律所明認。而質權抵押權之制度。亦甚發達。似亦無需乎此。且行此方法。徒使所有權之存在曖昧。妨財產之流通與改良。實非完善之制度。而各國法典。所以不廢之者。誠以此制度爲古來所慣行。又未嘗無可採之利益故也。從買回者一面觀之。用此方法。可使所有權不喪失。而達金錢需要之希望。比之設定質權抵押權等可得多額金錢。從相對人一面觀之。不必如質權抵押權等多耗費用多費程序。而可確保其債權。基此理由。故各國仍認此制度。惟我國向無買回之習慣。其通常出典產業。雖有原價贖回之例。然典與賣有別。其性質與買回迥異。是買回之制度。在我國爲非必要。而民法沿襲各國之舊。所以規定之也。茲說明其定義如左。

第一、買回者。與訂立買賣契約同時約定者也。　若於買賣契約訂立後。爲買回之約。則爲再買賣之預約。而非買回契約。此二者性質固殊。其效果亦異。再買賣之豫約。其價金得因當事人之合意而定爲高下。不必與原買賣相同。而買回之價金。則與原契約之價金毫無少異者也。再買賣之預約。乃買主繼承賣主之權利。而買回契約。則賣主回復自己之權利。並非由繼承而來。此兩者大不同之處也。法律所以必使其與買賣契約同時爲之者。其理由蓋一則如不豫行約定。恐買主此後不肯爲買回契約。有害賣主之利益。二則如隨時可以爲買回契約。恐買主與賣主共謀。害及第三人之權利故也。（民法三七九條）

第二、買回者。保留解除權之特約也。　買回之性質。學說紛歧。有以之爲特種之買賣者。有以之爲附解除條件之法律行爲者。有以之爲賣主請求買回之附停止條件行爲者。我民法不採此等學說。而以之爲保留解除權之特約。（日本民法亦然）蓋以爲如係特種買賣。及附條件行爲。何必附以買回之名稱。故不如以之爲解除買賣之一方法。較爲妥當。既以爲解除方法。故賣主行使此方法之結果。乃回復自己從前所有之權利。而非新得之權利。且此項解除權。與普通因債務不履行而行使解除權者迥異。乃根據訂立契約時之特約。得由賣主隨時解除者也。

第三、買回者。以返還原價金及契約費用。得以行使權利者也。　買回契約在買主爲回復權利。而非從新取得權利。既如前述。故在買主。亦不能另行作價。祇能受原價及契約費用。而聽其買回。（參照民法三八二條）

上述之外。尚有研究者。卽買回之範圍。果限於不動產否乎。法德等國民法。無論動產與不動產。均認買回之特約。獨日本民法。則限於不動產。而不認動產之買回。其理由。蓋以動產若認買回制度。既無適當之公示方法。則第三人於該動產之附有買回特約。無從得知。設買主賣出該動產。而第三人以善意得之。可於卽時取得其所有權。則賣主雖欲買回。亦終不得達其目的。且動產之種類甚多。亦無以買回特約。保留其所有權回復之必要。故不認之也。然從廣義解釋。無論動產不動產。均可結買回之特約也。我民法以爲尙有可採之利益。所以仿法德等國之立法例也。（民法第三七九條。）

第二項 買回之期間

買回之期間。當事人間若有特約。則依特約。若無特約。則依法定期間。於五年內行使之。法律之意。在不使買回權永久存在。致當事人間之權利。永不確定故也。此點規定。與日本新民法。不無異同。其於當事人間不定買回期間者。法律限於五年內乃得行使。此與日本無異。惟於當事人間定有賣回期間者。在日本不得超過十年。若爲超過十年之約。則使之短縮爲十年。我民法關於此點。則限於不得超過五年。觀三百八十條之規則則當事人間如約定買回之期間較長者。亦縮短爲五年。是與日本相同之處也。惟期間較有長短耳。

推日法之意。在注重公之經濟。以爲買回期間太長。則當事人間以權利未確定之故。就該標的物。必不肯爲之改良。而國家經濟。遂受一大彰響。故定其最長期爲十年。以示限制。我民法於當事人之特約期間加以限制。又較日民法爲允當也。

買回之期間民法既明爲規定。尚可不生疑義。得爲問題者。則當事人間定有買回期間後。他日亦得伸長或縮短之否乎。從嚴格的解釋之。買回特約既須與買賣契約同時爲之。則買回期間。亦卽爲買賣契約之一條項。若後日得伸長或縮短之。則是變更其契約矣。於理論上當然不能允許。此我民法所以明示不許伸長期間也。（民法三八〇條。）

前述五年期間。乃爲財產利用。與財產改良而設。與時效期間不同。故無中斷停止等事項。又買回爲解除買回契約之一方法。則買回之期間。不可視爲所有權附以期限者。蓋如此則是認有期間之所有權。與一物不容二主之原則相背。而所有人對於其所有物。亦將不能有完全之支配權矣。故買回之期間。乃實行所有權回復之行爲之期間。非所有權上附以期限。此不可不辨也。

第三項　買回之效力

買回之效力云者。卽當事人間發生之效力也。當事人間既訂立買回特約。而法律上認爲契約解除權之一種。則當賣主實行權利時。當然依契約解除之規定。相互間負有原狀回復之義務。是卽當事人間之效力也。茲分述其義務如下。

（一）因買回而生之賣主義務

（甲）價金及契約費用須豫行提出。賣主行使買回權。必當返還買主所支付之價金。及契約費用。然此項價金與費用。究於何時返還乎。如於表示買回意思後。聽其隨時返還。則買主之權利業經移轉。一旦賣主無資力。卽不免喪失價金與費用之全部或一部。殊非保護買主之道。故應使賣主負預行提出之義務。否則不得行使買回權。（參照民法三八一條）

價金之返還。依契約解除之原則。應自領受時起。附添利息。然以此責賣主。則賣主亦必以標的物之收益爲藉口。而向買主索取之。彼此核諸情形之便。法律特於當事人無特別之意思表示。其價金之利息。視爲與買主就買賣標的物收受之利益。互相抵銷。蓋亦甚適於實際也。（民法三七九條第三項。）

（乙）保存必要改良等有益費用。須分別償還　此等費用。賣主亦當於行使買回權前償還之。但其費用之方法不同。因而償還之程度亦異。其在保存費與必要費。則當完全償還。蓋此項費用。既爲標的物之保存而出。或爲標的物之必要而生。則該物卽存於賣主。亦不能免故也。若在改良費與有益費。則視因此增加之價格現存者爲限負償還之責任。蓋改良與有益原無一定標準。苟非以現在所增之價格爲限。固恐賣主因此而徒增負擔。亦恐當事人因此而互起爭議也。（民法三八二條）

（二）因買回而生之買主義務。　買主義務之重要者如左。

（甲）交還原物。　買主對於賣主。其惟一義務。卽在交還其標的物。如標的物原有附屬物者。亦應一併交還之。然亦祇交還其原物足矣。至由該物所生之利益。以與價金之利息相抵銷。故不必返還也。（民法三七九條）

（乙）賠償損害。買主既負有交付標的物及附屬物之義務。若該物歸責於買主之事由。以致不能交付。或顯有變更者。其因此所生之損害。應使買主賠償之。按因買主之過失。致標的物不能交付。及顯有變更者。固不能辭損害賠償之責。若非買主過失。而標的物毀損。或買主所加之變更。並非顯著。當如之何。德國民法。於此明定爲買回人不得請求減少價金。我民法雖無明文。亦當依同一之解釋也。（民法三八三條。）

（丙）除去他人之權利。買主於買受標的物後。常有就該物爲第三人設定之權利者。（如抵押權）於行使買回權時。買主須負除去之義務。蓋此等權利。如不除去。是不能回復原狀。而使賣主受損也。此外如以强制執行與假扣押執行方法所爲之處分。或破產管財人所爲之處分。而生第三人之權利者。買主亦當除去之。其理由與上同。

此外尚應附帶說明者。卽共有不動產之買回是也。買回權之行使。在不動產。恆視不動產爲重要。而不動產之共有。尤視不動產之獨有時爲繁難。然不動產雖爲共有。若共同賣出。共同買回。尙無問題。又共有中之一人。以附買回特約賣出其應有部分。若其共有關係。尙未消滅。則賣主仍可買回。其所賣出之應有部分。再回復其共有之地位。亦無甚問題。其得爲問題者。卽實行買回權時。其共有之關係業已消滅。則當以何方法行使權利乎。此卽共有消滅與買回權關係之一問題。吾人所當研究者也。

共有消滅之方法。有二。卽現物分配。（分割）與價金分配。（拍賣）是也。二者爲消滅共有關係之良好方法。是法律之所最希望者。故凡有共有關係之人。均得請求之。其在他之共有人。固有此權利。卽買受一部分之買主。亦當然享受此請求權也。今將分割拍賣與買回權關係之點。分述如下。

第一、不動產之分割。 不動產共有人之一人。以特約保留其買回權。而賣出其應有部分。爲行使買回權時。其不動產已被分割者。則賣主不得買回從前之應有部分。蓋不許共有關係之復活故也。然因此而使該賣主全然喪失其買回權。亦不公平。故法律特於此時。認賣主得就買主所受之部分。或應受之部分。以行使其買回權。亦保護賣主之一道也。而此不動產之分割。由買主請求與由他共有人請求。毫無影響。

第二、不動產之拍賣。　共有不動產之拍賣。有他人（他共有人或第三人）爲拍賣人者。有買主爲拍賣人者。因拍賣人之不同。而買回權之行使亦異。今分述之。

（一）他人爲拍賣人時。　在此情形。賣主祗得就買主所受之價金。或應受之價金。行使買回權。而其拍賣由買主請求。抑由他共有人請求。不必問也。其理由與不動產之分割時同。蓋共有關係。既因拍賣而消滅。若使賣主得就原有部分。以行使買回權。是從新使共有關係發生。非法律之所許也。

（二）買主爲拍賣人時。　買主雖爲拍賣人。而其拍賣有由買主請求者。有由他共有人請求者。以是之故。而買回權之行使。亦因而各異也。

（甲）因買主請求分割。而買主爲拍賣人時。　在此情形。賣主就其應有部分。以行使買回權可也。就不動產之全部。以行使買回權亦可也。蓋不動產之拍賣。既由買主所請求。若因買主之行爲而使賣主喪失其買回權。實屬不當。故當使之就應有部分得行使買回權。又所有權之全部。亦許賣主取得之者。一則在於避再生共有之關係。二則拍賣請求。出於買主。即使之失全部所有權。亦未爲過也。故法律於此情形。當認賣主有買回其應有部分之權。設更進一步。能支付拍賣價金。並支付費用。就不動產之全部以行使買回權。亦未嘗不可。

（乙）因他共有人請求分割。而買主爲拍賣人時。　在此情形。賣主不得專就其應有部分。以行使買回權。若行使此權利。非就全部之所有權買回之不可也。蓋於此情形。買主因恐失其從前所有之權利。不得已而爲拍賣人。就共有物之全部取償。若賣主得買回其應有部分。則對於拍賣不無妨礙。

第六節 特種買賣

買賣之種類因觀察點不同。而有種種區別。依法規之適用得區別爲商事買賣。與民事買賣。依價金支付之時機得區分爲現金買賣與懸帳買賣。於依當事人之意思得區別爲任意買賣與强制買賣。依權利之移轉及物之交付爲標準。則有卽時買賣與定期買賣。凡此等買賣之種類。均無論究之必要所當說明者。卽貨樣買賣與試驗買賣是也。

第一、貨樣買賣。貨樣買賣者。賣主對於買主約以貨樣同一之物品。爲給付之無條件買賣也。此種買賣。法律所課賣主之唯一義務。在於就買賣標的物。擔保其有貨樣之性質。若契約成立後。賣主以不符合貨樣之物品爲給付。則買主亦得提出貨樣主張買賣標的物。應與貨樣同一性質。以詰問賣主之責任。故其結果。買主得解除契約成行使一切之請求權。(民法三八八條。)

第二、試驗買賣。試驗買賣者。關於買賣之標的物。以買主同意爲條件之買賣也。此種買賣。既附有條件。則其條件之在法律上。究爲解除條件乎。抑爲停止條件乎。夫法律行爲已成立。因某事實之發生而解除者。謂之解除條件。法律行爲之成否。繫於某事實之發生者。謂之停止條件。而試驗買賣。則明明以買主之同意與否。定買賣之成立與否者也。故法律以當事人無特別之意思表示爲限。認試驗買賣爲停止條件。期合於當事人之意思。

試驗買賣。以買主之同意爲條件。而同意與否。實視標的物之是否適意爲前提。故買主對於賣主。當然有檢查其標的物之權利。夫買主之權利。卽賣主義務之原因也。故試驗買賣之賣主。負有許買主檢查其標的物之義務。試驗買賣效力之發生。全繫於買主之同意。既如前述。然則當試驗之際。買主毫不被其拘束。故買主就該標的物。與以同意可也。不與以同意。亦無不可也。惟同意與否。若遷延不定。亦非保護賣主之道。法律欲雙方權利之速定也。於當事人間約定期限者。若於賣主所定之相當期間內。不爲何等表示。則視爲不同意。法律所以如此規定者。以免權利狀態之久不確定也。然此特就未交付標的物而言。若因試驗之故。賣主已將標的物交付於買主。而買主於前述之約定期間。或相當之期間內。怠於同意者。則又當視爲已經同意。蓋標的物既已交付。而買主又自行怠忽。其有重大過失可知。若不視爲同意。則必退還原物。於賣主一面。未免受損也。

第三章　互易

互易者。當事人間以金錢所有權以外之財產權。互相移轉所結之契約也。互易之事。爲各種契約中之最早發達者。如買賣亦自有貨幣之媒介物後始發生。不然亦終不能脫離互易之範圍也。故自發達之順序言之。當先規定互易。次規定買賣。而民法則以買賣爲實用的契約。且爲日常瀕繁之事。故先就買賣爲規定。而使互易準用之。(民法三九八條三九九條末段。)

自經濟上之觀念言之。互易與買賣毫無少異。而自法律上之意義言之。則此二者。實大異其性質。蓋法律上之所論貿易。乃以金錢以外之財產權。互相移轉之契約。其與買賣不同者。純在此點。買賣爲財產權與金錢所有權之移轉。而互易則爲財產權與財產權之移轉。其目的不相同。今分解其意義如左。

第一、互易者。移轉金錢以外財產權之契約也。　卽當事人雙方爲其移轉之目的。在於金錢以外之財產權者。均得謂之互易。其在物權之移轉。亦無妨其爲互易。然其所謂財產權者。必於契約之成立當時。有財產權之存在。否則不得謂之互易。故以服勞務相約。而爲取得物之所有權之對價者。不得謂之互易。何也。以此乃負擔新債務。而非權利之移轉也。又如因欲消滅義務。而以其他某種權利移轉於權利人者。亦不得謂之互易。何也。以此乃一方爲義務之消滅。而非權利之移轉也。（民法三九八條前段。）

貨幣之兌換。有以之爲買賣者。（以或種類之貨幣。視爲商品而買賣受之。）有以之爲互易者。(以或種類之貨幣與他種類之貨幣均視爲商品。)又有以爲一種無名契約者。(卽金錢與金錢之交易。法律上無特別之名稱。)惟此非可一概而論。蓋一方所給付之貨幣。若用爲測定他方所給付之貨幣價格者。則該貨幣卽可視爲價金。謂爲買賣可也。若雙方貨幣。均無價金之性質。僅可視爲一種商品者。則又當視爲互易矣。

第二、互易者諾成契約。而非要物契約也。羅馬法以此契約爲要物契約。近世立法例。則注重當事人之意思。視爲諾成契約。蓋此與買賣同不須交付其物而契約卽可成立也。

互易契約之成立。其雙方所移轉之財產權之價値。不必平等。其有不平等者。以金錢之所有權。補充其不足。亦未嘗不可也。惟在此情形。其契約之性質。爲買賣乎。抑互易乎。學者議論頗多。有主張以其所移轉之金錢與其所移轉之財產權比較價格。若金錢價格。超過於財產權者。則爲買賣。若財產權價格。超過於金錢者。則爲互易。然以此爲標準。殊未能合於當事人之意思。且如金錢價格與其他財產權同一價格。將不能爲之區別矣。故判斷此問題。當以主觀的意思爲標準。不當以客觀的事實爲標準。當事人若以買賣之意思爲此契約。則當以之爲買賣。若以互易之意思爲此契約。則又當以之爲互易也。但此爲學理上之研究。在民法已不成問題。蓋民法於當事人一方約定移轉之財產權。並應交付金錢者。其金錢部分。則準用關於買賣之規定也。（民法三九九條。）

第四章　交互計算

第一節　交互計算之意義

按交互計算。多數國家。均於商法中規定之。本法則仿最新立法例以其爲債之關係之一種。故於債編中規定之。

交互計算云者。商人間或商人與非商人間。在平常交易。就一定期間內所由生之債權債務總額。互相抵銷。而僅支其差額之契約也。觀我民法第四百條之規定自明。玆分述於左。

(一)商人間或商人與非商人間。　按交互計算。至少當事人之一造。須爲商人。在非商人間。縱令締結交互計算之類似契約。亦非商業上之交互計算也。至交互計算之範圍。學說上原有三種主義。卽一般主義。商事主義。及商人主義是也。

(二)平常爲交易者。　交互計算之當事人。須平常繼續爲交易。且其關係須可互生債權債務者。故偶爾交易者間。與均以現金交易者間。以及僅於當事人一造可生債務者間。交互計算之契約。固無由以成立也。

(三)債權債務。　交互計算之債權債務。應限於金錢債務。然當事人間亦有以匯票、本票、支票、及其他流通證券記入交互計算者。此外尙有同種標的而常適於相抵銷者。事實上於金錢債務以外。非絕對無例外也。(參照民法四〇一條。)

（四）一定期間。　交互計算之抵銷期間。固由當事人自由約定。若無特約。則其期間爲每六個月計算一次。（民法四〇二條。）

（五）債權債務總額之抵銷及其剩餘支付　蓋交互計算之目的。在就一定期間內。交易所生債權債務之總額。以行抵銷而支付其剩餘也。

（六）交互計算之性質。　交互計算。爲一種契約，自不容疑。且無須特別方式。僅由當事人之合意而成立。故爲諾成契約。惟於諾成契約中屬於何種契約。則學說紛紜。大別之爲更改說。特別契約說。抵銷說。數種。但以特別契約說爲當也。

第二節　交互計算之效力

交互計算之效力。乃以各債權債務列入計算書中，並由計算書之相互承認而算定剩餘。茲依次說明如下。

（一）以一定期間內。所生債權債務。列入計算書中。　其期間若無特約。則爲六個月。前已言之矣。至所謂以債權債務列入計算書中者。乃各債權債務。不分別實行。惟以爲計算上一項目。而列入計算書之謂也。其列入之效果。約分爲二。

（甲）算入之效果。在一時停止債權債務之作用。故其結果如左。

（子）各債權不得請求履行。故時效不進行。

（丑）當事之一方。得隨時終止交互計算契約而爲計算。（民法第四〇三條前段。）

（乙）各債權債務。雖因列入計算中。停止其作用。然此乃交互計算契約應生之效力。非因是而失其獨立之存在也。故其結果如左。

（天）擔保各債權之擔保。以及各債權保證人之責任。仍不失其效力。

（地）各債權無妨各生利息。（民法四〇四條）

（二）由計算書之相互承認。而算定剩餘。卽至交互計算期間之終末。各當事人均各閉鎖計算。對照其債權債務之總額。至互相抵銷。以算定剩餘。且互送計算書而承認之剩餘既定。又發生左之結果。

（甲）當事人不得就各項目述異議。但計算書有錯誤或遺漏者。不在此限。

（乙）其列入計算書中。編爲項目之各債權債務。均歸消滅。另由差額而發生應支付剩餘之新債務。

（三）剩餘之利息。債權人得就算定剩餘。請求自計算閉鎖日以後之法定利息。（民法四〇四條。）

第三節　交互計算之解除

交互計算之一般終了原因。適用契約解除之規定。固無須贅述。然此外尚有特別終了原因。述之如下。

（一）一造的解除。　各當事人無論何時得解除交互計算契約。但此項契約既非關於公益。故當事人不妨約定於特定期間不爲解除也。（民法四〇三條之但書規定。）

（二）解除之效果。（甲）閉鎖計算。（乙）算定剩餘而請求支付。

此種解除與民法一般規定。使各當事人負有回復原狀之義務者有別。申言之。即此種解除。乃僅向將來生效力耳。

第五章　贈與

第一項　贈與之意義

贈與有廣狹兩義。依廣義言。則所謂贈與者。凡無償而與他人以財產權上利益之行爲也。此觀念乃以贈與。非自唯一特殊之法律行爲而成立。而有由種種行爲亦得成立之。其通質與實際。恆不相容。故立法者。不採此廣漠主義。而務使法律上之觀念。與事實上之觀念。常相一致。此本法特設專節而採狹義之贈與也。

依本法之規定。所謂贈與者。乃當事人之一方。以不索報酬。將自己財產贈與他方之意思表示。經他方允受之而生效力之契約也。（四〇六條。）今據此規定。又分析說明如下。

第一、贈與者因相對人承諾而成立者也　由此點觀之。則所謂贈與者。乃一契約而非單獨行爲也。夫贈與之事。常有於或種情形。不須相對人之承諾。而亦得以完成其行爲者。（如受贈人單獲權利。贈與人單負義務。）則其承諾與否。似亦非贈與性質上所必需之條件。故學者中亦有以之爲單獨行爲者。本法不採此主義。故僅依贈與人一人之意思表示。贈與決不成立。蓋受贈人於自己不知之間。而取得債權。法律上固不適當。且此造雖表示贈與。而彼造不願受贈與者。事亦有之。於其不欲領受之際。而强制其領受。亦反乎普通之事理。而未得其宜也。雖然。贈與契約相對人承諾後。果不需若何之方式乎。按贈與行爲有時需訂立書據。蓋不訂立書據。雖當事人間之意思合致。其效力仍不確定故也。（參照民法四〇八條二項。）

第二、贈與者以自己財產與相對人爲目的者也。各國立法例有以債務之免除。權利之拋棄管理事務。無償貸借及無償而爲他人服勞務與委任受寄託等皆視爲一種贈與者。本法以此等行爲非具有此項所述之條件。故不以之爲贈與。是亦贈與與他種無償契約不同之點也。但法文所謂財產者指有交換的價値之權利而言。而物之所有權其尤著者也。然亦但爲財產足矣。其爲全部之財產。抑爲一部之財產。又爲現在之財產。抑爲將來之財產。均不必問。各國法律中有規定以將來財產爲贈與。卽歸無效者。（如日本舊民法）其理由蓋以爲若以將來財產。得爲贈與之目的。一則各人有輕爲贈與之慮。二則恐其怠於財產取得致生間接廢罷贈與之效果。我民法則不設此規定。蓋以贈與之事出於自由。必其自度足以維持生活。乃肯爲之。似不宜明定其限制也。

如前述。凡屬財產。固均得爲贈與之目的矣。然此財產必須可以移轉。且須專屬於贈與人者。其他人者。勿論。卽屬於自己者。若其不能移轉。亦終不可以爲贈與之目的也。蓋贈與之事。必贈與人以其財產與受贈人。使取得同一權利。贈與人。使歸於受贈人。而生贈與人財產減少。受贈人財產增加之結果。故僅使相對人享受財產上之利益。而此方毫不覺財產之減少。固不得謂之贈與。卽此方之財產減少。而相對人毫不見財產之增加。亦不得謂之贈與。然亦但使其一方增加。一方減少足矣。其財產屬於何種類。不必問也。其在物權債權。固可勿論。卽凡有財產的利益之權利。亦均得爲利益之目的也。（民法四〇七條）

第三、贈與者。無償契約也。　法文所謂無償給與者。卽無償之義也。贈與以無償爲要件。爲古來法例與學說所公認。此點爲贈與之特質。其得獨立而與買賣互易等契約相異者。亦純在此點也。但所謂無償者。乃絕對的不受對待給付之謂。若得有多少之對價。而實際上雖與贈與生同一之結果。亦不能以贈與視之。例如一萬元之財產。以一千元賣出。其與贈與以九千之財產。曾無少異。然因其取得對價之故。則此契約。亦不能認爲贈與也。

第四贈與者財產移轉之行爲也。　自此點言之。雖一方之財產減少。一方之財產增加。然其間若無移轉之事實。贈與契約亦不能成立。詳言之。卽因贈與而受贈人之取得財產。乃傳來取得。而非原始取得也。例如無利息之金錢貸借。無償之勞務供給等。皆不得謂之贈與。然亦但有移轉之事實足矣。贈與人之果有使受贈人得利益之意思與否。不必問也。在羅馬法必以當事人之一造有使相對人得利益之目的。贈與始能成立。我民法則定以非經登記不得移轉之財產爲贈與。在未爲登記前。其贈與不生效力。此外則不明定若何限制也。（民法四〇七條）

以上所述。贈與之意思。略已明晰。然與所謂遺贈者。亦不可混同。蓋贈與爲一種之契約。而遺贈則單獨行爲也。贈與之行爲成立時。卽發生權利義務之關係。而遺贈則非遺言者死亡。不發生效力也。

第二項　贈與之方法

贈與之方式。各國法例。亦自不同。有除輕微贈與外。必以公證人所作成之證書爲據者。如法國是。有除報酬上之贈與外。必以審判上之證書爲據者。如羅馬法是。有公證人證書、或審判上證書、兩者擇其一者。如德國民法是。有以蓋印證書爲必要者。如英美法是。其方式雖各國不同。而其必須一定之法式。則一也。各國贈與必需一定方式者。其理由蓋以贈與爲無償行爲。其始也恐其輕率爲之。其繼也恐以無償之故。而轉悔之。使之履行一定法式。正所以防後日之紛爭。而避審判之困難也。日本舊民法。於贈與亦以公正證書爲必要。其新民法則改用不要式主義。蓋因公正人證書、及審判上證書。均非習慣上之所便也。

我民法第四〇八條云物未交付前。贈與人得撤銷其贈與。於立有字據之贈與。或爲履行道德上之義務而爲贈與者。不在此限。可知贈與書據之有無。得爲撤銷與否之標準。而贈與契約在當事人之意思合致時。固早已成立也。蓋立法之意。欲人之慎重贈與行爲。特使訂立書據。以防後日之爭。然無書據之贈與。若使盡歸無效。則立法未免過嚴。且恐反乎當事人之意思。於實際轉多不便。故祇許其撤銷。而效力則有差等。然法律既認各當事人有撤銷之權。若無論如何情形。均得行使其權利。則受贈人於所已得之權利。因撤銷而自始無效。固非所以保護受贈人。亦非所以維持公益。故本法特限撤銷權之行使。對於立字據之贈與與爲履行道德上之義務而爲贈與者。明定不在此限。此則與日本新民法用意大致相同也。

第三項　贈與之效力

贈與之效力。其最重要者。即贈與人對於爲贈與目的之財產。負有移轉於受贈人之義務也。當在單純之贈與。受贈人恆不負擔義務。故多數立法例爲保護贈與人計。無不圖減輕其責任。試分述如下。

第一、贈與人無力贈與時。得拒絕履行。　贈與本爲示恩之舉。贈與人無所利於其間。受贈人雖似債權人。究不得與他債權人同視。若贈與人因履行贈與之故。將至害及自己身分相當之生計。或不得履行法定扶養義務。其無贈與之力可知。

故法律許其拒絕履行。此與其他有償行爲大異者也。（民法四一八條）

雖然。前述情形。乃就贈與人絕無資力而受贈人僅有一人者言之耳。若贈與人之財產。除生活必要費外。僅足敷贈與一人之用。至受贈人有數人。其請求權競集者。在此情形。最易起無益之爭。祇可依權利成立之先後而定。亦無可如何之辦法也。

第二、定期給付之贈與。　定期給付云者。依一定之時日。給付以金錢或其他物品之謂。此項贈與。大抵因維持受贈人之生活。割自己定期收入若干以給付之。否則依贈與人與受贈人身分上之關係而爲之者。故限於當事人間。無特別意思表示。應推定爲因贈與人或受贈人死亡而失效力。不得移轉於繼承人也。（民法四一五條）

第三、贈與人祇負故意或重大過失之責。　祇負故意或重大過失之責者。明其如非故意或係尋常過失所生之事項。在贈與人尚不負責任也。所以然者。贈與爲無償行為不當以普通債權人債務人一例視之也。然贈與人於故意與重大過失。仍須負責者。蓋此等事項如不負責。贈與人於締結贈與契約後。若有悔心。必將為種種不利受贈人之行為。是贈與終歸於有名無實也。（民法四一〇條）

第四、贈與不負遲延利息之責。　關於金錢債務之遲延。須賠償法定或約定之利率。茲因贈與為受贈人一方之利益。不能適用債權通則。故不負支付遲延利息義務。（民法四〇九條）

第五、贈與人不負瑕疵擔保之責。　即贈與標的物之權利有瑕疵。或贈與標的物有瑕疵。贈與人均不任擔保之責是也。從純理上言之。贈與亦為發生義務之原因。既與受贈人約贈以某物。當然為完全之物。或關有其物有完全之權利。但就普通心理觀之。贈與行為。大抵出於贈與人之好意。當其約贈以某物時。不過就其現存之物。隨意贈與之。約贈以某權利時。亦第就自己所有之權利為贈與。而關於物與權利之有無瑕疵。常不甚措意。即在受贈人一面。亦決不因物與權利之有瑕疵。進而向贈與人請求損害賠償。此本法不使贈與人任擔保之責也。（民法四一一條前段。）雖然、此原則也。法律尚認有例外如次。

（一）贈與人故意不告知其瑕疵者。 關於標的物之瑕疵。法律不使贈與人負責者。以其不知也。若贈與人故意不告知。則是反於誠實及信用。且恐第三人接受時。致遭損失。故應使任擔保之責。（前條但書。）

（二）約以將來取得之標的物爲給付。其取得時。明知其物之權利有瑕疵。或因重大過失而不知者。 前述爲現物贈與。故以贈與人故意隱蔽瑕疵者爲限。使任擔保之責。茲贈以將來取得之物。爲贈與者也。既爲將來取得之物。則當其取得時。自不宜接受有瑕疵之物。而轉給受贈人。苟爲贈與人明知關於其物之權利有瑕疵。與夫因重大過失而不知其有瑕疵。竟收受而贈與之。殊反於爲贈與之美意。使受贈人得拒卻之。而請求不履行之損害賠償。關於此種情形。贈與人應與賣主負同一擔保義務。（參照前條但書。）

（三）約以將來取得之替代物爲給付。其取得時。明知其物有瑕疵。或因重大過失而不知者。亦應使受贈人得請求另行交付無瑕疵之物。蓋因其爲替代物。故認特別之請求權。以圖實際上之便利也。不但此也。若贈與人故意不告知瑕疵者。直是欺詐之行爲。故受贈人得請求不履行之損害賠償。以代有瑕疵之物。而其請求。即準用擔保賣出物有瑕疵之規定焉。（參照前條但書）

第四項　附有負擔之贈與

附有負擔之贈與云者。贈與人給與財產於受贈人。同時爲自己、或第三人、或公益、使受贈人擔任負某種給付義務之契約也。此種贈與之性質。學者中有仍認爲單純贈與者。以爲受贈人所負義務。乃一獨立之債務。並非贈與之附以條件。亦非爲贈與之對價。故不當以與互易買賣等同視。而仍爲無償契約云。抑知既名爲附負擔贈與。其非純然之贈與可知。又贈與人之贈與。雖不以受贈人之擔負爲條件。而受贈人之擔負。則實以贈與人之贈與爲條件。就其雙方互負義務之點觀之。固明明爲雙務契約。亦卽爲有償契約也。惟當事人之意思。偏重於贈與一面。此則與他各純然之有償契約。稍有不同耳。茲進論此種贈與之效力。

第一、贈與人之權利。

（一）請求擔負之實行。　附有擔負之贈與人。若自己已爲給付。得向受贈人請求實行擔負。蓋受贈人之擔負。雖爲別種法律行爲。然旣訂立此種贈與條約後。受贈人對於贈與人。卽發生一種債務。故贈與人有請求履行之權。至必限於已爲給付。始得行使其權利者。以受贈人之負擔義務。本由贈與人之贈與而來。故當其未受贈與時。其負擔義務。尙不發生也。（民法四一二條）

（二）請求贈與物之返還。　贈與已履行之部分。無請求返還之理。惟彼爲單純之贈與。茲則爲附擔負之贈與。其性質卽有不同。故受贈人如不實行擔負時。贈與人對於受贈人以有雙務契約之解除要件爲限。得依不當利得之規定。於實行擔負費用之限度。請求返還贈與物。其不因不實行擔負而解除贈與者。以贈與爲主。而擔負爲從也。其請求返還。必以實行擔負所需費用額爲限者。以擔負之費用額以外本以贈與爲目的不應受贈人增加負擔也。（民法四一三條。）

第二、受贈人之權利。

（一）拒絕擔負之實行。　因贈與物或權利有瑕疵。或其贈與不足償其負擔者。法律爲保護受贈人之利益。應許其得拒絕一部擔負之實行。但因瑕疵所生之不足額。已由贈與人賠償之者。則受贈人並無所損。故不能拒絕實行擔負也。

（二）請求費用之賠償。　如前以拒絕權予受贈人。雖亦足以保護其利益。設受贈人不知前述之瑕疵。而已實行其擔負。且其所需之必要費用。逾於所受利益之價格。此時若不別籌補救方法。則受贈人將因此而受損。故得對於贈與人請求賠償其費用也。

以上所述。乃法律所予受贈人之權利也。此外尚有當注意者。即擔負之實行。若以公益爲目的者。雖贈與人死亡。主管官署。亦得命受贈人實行之。所以然者。因此項擔負。乃著眼於公益。而非著眼於贈與人或第三人。故特不許免其擔負也。（民法四一二條二項。）

第五項　贈與之撤銷

贈與之撤銷。我民法有明文規定。依次略述如下。

第一、撤銷之原因。

（一）受贈人因重大之過失。對於贈與人或其近親屬有忘惠之行爲時。贈與本所以加惠於受贈人。乃受贈人竟有忘惠之行爲。則無所用其加惠。故得撤銷贈與。（民法四一六條。）

（二）受贈人故意並不法殺害贈與人。或妨礙贈與之撤銷時。此等情形當然得撤銷贈與。（民法四一七條前段。）

第二、有撤銷權之人　有撤銷權之人。當然屬於贈與人。但如前項所述。則屬於贈與人之繼承人。亦當然之理也。（前條。）

第三、撤銷之方法　由贈與人或其繼承人向受贈人以意思表示爲之。此外不需何種方式也。（民法四一九條。）

第四、撤銷之效力　得依不當利得規定。請求贈與物之返還。（前條二項。）

第五、撤銷權之消滅　撤銷權因左列事由而消滅。

（一）贈與人拋棄撤銷贈與之權利者。但須於知撤銷原因後拋棄之。乃生效力。此消滅原因。出於贈與人自己之意思者。（民法四一六條二項後段。）

（二）自可行其撤銷權利之日逾一年者。此消滅原因。由於法定時效者。（前條二項前段。）

（三）受贈人死亡者。在此情形。贈與契約且有因之消滅者。其撤銷贈與權更無論矣。（民法四二〇條。）

以上關於撤銷贈與事項法律特明爲規定。蓋懼當事人間權利關係之不確定。而出於限制之意也。若夫道德或禮節上之贈與則不僅在限制撤銷之列。尤爲不許撤銷之事矣。所以然者。一則出於慈善之意。一則出於交際之常。於公序良俗毫無違背。故不得依法律之規定也。

第六章 租賃

第一節 租賃之意義

租賃者。謂當事人約定一方以物租與他方使用收益。他方支付租金之契約也。（民法四二一條）但有廣狹二義。就狹義言。似專指一般租賃爲適當。就廣義言。則本章所謂租賃。則一般租賃及耕作地租賃。均包括在內。我新民法則依廣義爲規定。蓋因一般租賃。與耕作地租賃。在經濟上均占重要地位故也。但關於耕作地租賃。亦僅規定其最重要者。其餘則讓之土地使用法中規定之也。

第二節　租賃之方式

第一、訂立字據。一般不動產之租賃契約。其期限逾一年者。應以字據訂立之。如未訂立字據者。則視爲不定期限之租賃。（民法四二二條）

第二、繕具清單。耕作地之租賃。如附有農具或牲畜有其他附屬物者。當事人應於訂約時評定其價值。並繕具清單。由雙方簽名。各執一份。以免將來之糾紛。（民法四六二條）倘清單所載之附屬物。嗣後如有滅失等情。則視是否歸責於承租人。以定其補充之法。茲分述如左。

（甲）因可歸責於承租人之事由。　如因可歸責於承租人之事由。致附屬物滅失者。由承租人負補充之責任。（民法四六二條一項）

（乙）因不可歸責於承租人之事由。　如因不可歸責於承租人之事由。致附屬物滅失者。由出租人負補充之責任。（民法四六二條二項）

第三節　租賃當事人間之權利義務

第一項　出租人之權利義務

第一、出租人之權利。茲分述如左。

（甲）租金之支付權　出租人得定相當期間。催告承租人支付租金。如承租人於其期間內不爲支付。出租人得終止契約。（民法四四〇條一項）但關於前項有應爲附帶說明者。卽租賃物爲房屋時。承租人遲付租金之總額。非達兩期之租額。不得依前項之規定。終止契約。（民法四四〇條二項）又地方有特別習慣者。從其習慣。（參照四五〇條二項）

（乙）留置權　不動產之出租人。就租賃契約所生之債權。對於承租人之物。置於該不動產者。有留置權。（民法四四五條一項）前項情形。僅於已得請求之損害賠償。及本期與以前未交之租金之限度內。

得就留置物取償。（前條二項）但亦有例外。分述如下。

（子）禁止扣押之物。不動產之出租人。對於禁止扣押之物。不得行使留置權。（民法四四五條之但書。）

（丑）承租人因執行業務及適於通常生活所需之物。此等物雖經留置。而承租人仍得取去。出租人不得主張異議。（民法四四六條二項。）

（寅）承租人提出擔保。承租人提出擔保。或提出與各個留置物價值相當之擔保後。出租人之留置權。即歸消滅。（民法四四八條。）

（丙）損害賠償請求權。租賃物因承租人之重大過失。致失火而毀損滅失者。出租人得請求損害賠償。（民法四三四條）其因承租人之同居人。或因承租人允許爲租賃物之使用收益之第三人。應負責之事由。致租賃物毀損滅失者。亦同。（民法四三三條。）

（丁）終止契約。承租人違反約定方法。或租賃物之性質。爲租賃物之使用收益。經出租人阻止而仍繼續為之者。出租人得終止契約。（民法四三八條。）又承租人支付租金遲延。不於出租人催告所定期限內支付。或遲付租金之總額已達兩期之租額者、亦同。（民法四四〇條。）

第二、出租人之義務　出租人所應負負擔之義務。分述如下。

（甲）交付租賃物。　出租人應以合於所約定使用收益之租賃物。交付承租人。並應於租賃關係存續中。保持其合於約定使用收益之狀態。（民法四二三條。）

（乙）擔負稅捐。　出租人應擔負關於租賃物之一切稅捐。（民法四二七條。）

（丙）修繕租賃物。　租賃關係存續。中租賃物如有修繕之必要。應由出租人擔負修繕之義務。（民法四二九條四三〇條。）

（丁）償還有益費用。　出租人對於承租人就租賃物支出有益費用。因而增加該物之價值者。以知其情事而不爲反對之表示爲限。於租賃關係終止時。應負償還其費用之義務。（民法四三一條。）

第二項　承租人之權利義務

第一、承租人之權利。分述如左。

（甲）終止契約權。　租賃物爲房屋或其他供居住之處所者。如有瑕疵危及承租人或其同居人之安全或健康時。承租人得終止契約。縱承租人於訂約時已知其瑕疵。或已拋棄其終止契約之權利者亦同。（民法四二四條。）

（乙）租金減少請求權。　租賃關係存續中因不可歸責於承租人之事由致租賃物之一部滅失者。承租人得按滅失之部分請求減少租金。又承租人就其存餘部分。不能達租賃之目的者。並得終止契約。（民法四三五條。）至若承租人因第三人就租賃物主張權利。致不能爲約定之使用收益者。準用前條之規定。（民法四三六條。）

（丙）租金減免請求權。 耕作地之承租人。因不可抗力。致其收益減少。或全無者。得請求減少或免除租金。此項租金減免請求權。承租人不得預先拋棄。（民法四五七條。）

（丁）償還耕作費用請求權。 耕作地之承租人。因租賃關係終止時。未及收獲之孳息。所支出之耕作費用。得請求出租人償還之。但其請求額。不得超過孳息之價額。（民法四六一條。）

第二、承租人之義務。分述如左。

（甲）負擔動物飼養費。 租賃物爲動物者。承租人有負擔飼養費之義務。（民法四二八條。）

（乙）保管租賃物。 承租人對於租賃物有保管之義務。如因承租人之同居人、或承租人允許爲租賃物之使用收益之第三人。應負責之事。由致租賃物毀損滅失者。承租人負損害賠償責任。（民法四三三條。）

至租賃物之因承租人之重大過失致失火而毀損滅失者。承租人對於出租人負損害賠償責任。（民法四三四條。）

（丙）修繕或防止危害之通知。　租賃關係存續中租賃物如有修繕之必要。應由出租人負擔者。或因防止危害有設備之必要。或第三人就租賃物主張權利者。承租人應卽通知出租人。但爲出租人所已知者。不在此限。（民法四三七條一項。）

承租人怠於爲前項通知。致出租人不能卽時救濟者。應賠償出租人因此所生之損害。（前條二項。）

（丁）支付租金。　承租應依約定日期支付租金。無約定者。依習慣。無約定亦無習慣者。應於租賃期滿時支付之。如租金分期支付者。於每期屆滿時支付之。如租賃物之收益有季節者。於收益季節終了時支付之。（民法四三九條。）

承租人租金支付有遲延者。出租人得定相當期限。催告承租人支付租金。如承租人於其期限內。不爲支付。出租人得終止契約。（民法四四〇條一項）租賃物爲房屋者。遲付租金之總額。非達兩期之租額。不得依前項之規定。終止契約。（前條二項。）

承租人因自己之事由。致不能爲租賃物全部或一部之使用收益者。不得免其支付租金之義務。（民法四四一條。）

第四節　租賃契約之終止及效果

第一項　租賃契約之終止

按承租人違反義務。致租賃物毀損滅失及將租賃物違約轉租他人。或耕作地清單所載之附屬物。因可歸責於承租人之事由而滅失者。出租人均可終止契約。（民法四五九條）其耕作地之出租人。因收回自己耕作者亦同。（民法四五八條。）

耕作地之出租人終止契約者。應以收益季節後次期作業開始前之時日。爲契約之終止期。（民法四六〇條。）

第二項　租賃契約終止之效果

承租人於租賃關係終止後。應返還租賃物。其租賃物有生產力者。並應保持其生產狀態。返還出租人。（民法四五五條。）

耕作地之承租人。依清單所受領之附屬物。應於租賃關係終止時。返還於出租人。如不能返還者。應賠償其依清單所定之價値。但因使用所生之通常折耗應扣除之。（民法四三六條。）

租賃契約終止後。到期之租金。如出租人已預先受領者。應返還於承租人。（民法四五四條。）

第七章　借貸

第一節　使用借貸

第一項　使用借貸之意義

使用借貸者。乃當事約定一方以物無償貸與他方使用後。即行返還其物。（並不另給報酬之契約也。（民法四六四條）茲依此定義。分述如下。

第一使用借貸者。要物契約也。　以純理而論。謂租賃契約爲諾成契約。而使用借貸契約。爲要物契約。似覺無甚理由。而各國古來之習慣。以爲使用借貸。乃自貸與人以物交付於借用人之時。其契約始能成立。若租賃則僅有雙方意思之合致。其契約即能成立。而使用借貸非物品交付之後。不能達使用之目的。因而未領受物品之借用人。不能使負返還物品之義務。非如租賃之雙方義務。自訂約之始。即已成立。雖借用人未爲物之使用。已發生交付賃費之義務。而返還物品之義務。轉覺居於第二位。故以使用借貸爲要物契約。而以租賃爲諾成契約也。

第二、使用借貸者。以物之使用收益爲目的者也。使用借貸之客體。須爲實物而非權利。權利之使用借貸。僅能以無名契約論。不得謂爲使用借貸。又使用借貸所生借用人之權利。爲物之使用權。而非處分權。故祇使用其物而得利益而已。且所謂利益云者。言其自己使用。應該獲有若干利益。非謂以借用物轉貸他人。所得法律上之滋息也。

第三、使用借貸者。借用人負歸還原物之義務者也。使用借貸之借用人。祇有物之使用權。不得處分其物而別爲利用。故其應返還之物。須爲所借受之原物。與消費借貸不同也。

第四、使用借貸者。無償契約也。使用借貸之異於租賃者。卽在無償之一點。若以有償而使用他人之物。則雖用使用借貸之名。然非法律上之所謂使用借貸也。

第五、使用借貸者。雙務契約也。使用借貸。貸與人負有使借用人於其所有物爲使用及收益之義務。借用人負有於使用獲益後。歸還其物之義務。故爲雙務契約。據古來之學說。有以使用借貸爲單務契約者。意謂借貸。概因貸與人之好意。初非法律上借用人有使用其物之權利。故貸與人亦不負貸與其物之義務。既不負貸與其物之義務。故無論何時。貸與人均可求其物之返還也。近世觀念則不然。以爲貸與人縱有必須使用其物之時。亦不能蔑視契約而求其物之返還。是貸與人實負令借用人獲使用收益之義務。故爲雙務契約也。

第二項　使用借貸之效力

使用借貸。因借用物之交付而生效力。（民法四六五條）因之發生貸與人借用人間之義務如下。

第一、貸與人之義務。　因使用借貸而貸與人所負之惟一義務。在於使借用人爲物之使用收益。但貸與人既不索報酬。故對於借用人之使用收益。祗負消極的義務。而不負積極的義務。與租賃不同。且既不索報酬。斯與普通債務人有別。故法律祇規定貸與人。故意不告知借用物之瑕疵。致借用人受損害者。負賠償責任。（民法四六六條）蓋比照贈與人之規定。使僅任故意或重大過失之責。非若買賣賣主須負瑕疵擔保之義務也。

第二、借用人之義務。借用人義務之重要者。不外下列數種。

（一）借用物保管之義務。借用人應以善良管理人之注意。保管借用物。如違反此項義務。致借用物毀損滅失者。負損害賠償責任。但依約定之方法或依物之性質而定之方法使用借用物。致有變更或毀損者。不負責任。（民法四六八條）

（二）依約定方法使用借用物之義務。借主雖有使用借用物之權利。然其使用之方法。究不得如所有者之隨意使用。即使用之方法。有特約者從其特約。無特約者。必須依借用物性質上自然方法使用之。又借主之於借用物。祇有自己使用之權利。如欲使第三人代爲使用。則非得貸與人之同意不可。蓋物之所有權。原屬貸與人故也。（民法四六七條）

（三）借用物費用負擔之義務。　費用有必要與有益二種。通常必要費。如借用牛馬者。必須餧養芻料。借用房屋者。必須裱糊窗槅。此等費用。由借主負擔之。乃理所當然。至有益費。則以因此增加該物價格者爲限。得向貸與人求償。或就借用物所增加之工作物取囘之。但應囘復借用物之原狀。（民法四六九條。）

（四）借用物返還之義務。　借用物之返還。可謂借主唯一之義務。其返還時期。可分兩種。在當事人間。已約定返還時期者。應於期限屆滿時返還。在當事人間未約定返還時期者。則以有無約定使用目的爲準。如契約定有使用之目的者。則借用人須於照約定目的使用完畢後返還之。但雖未完畢。而已逾借用人可得使用之相當期間者。貸與人亦得請求返還。如契約未定使用之目的者。則貸與人可以依債權通則。無論何時。得請求返還其借用物。（民法四七〇條。）

此外尙有數人共借一物。對貸與人連帶負責者。(民法四七一條。)

第三項　使用借貸契約之終止

使用借貸終結之原因。除約定期間旣滿之外。依民法四七二條規定。尙有貸與人聲明終止契約各款。試分述如下。

(一)貸與人因不可預知之情事。自己需用借用物者。　按貸與人因不可預知之情事。自己需用借用物。是否許其終止契約。各國立法例不同。本法則定爲可以終止契約。以保護貸與人之利益也。

(二)借用人違反約定或依物之性質所定之方法使用借用物。或未經貸與人同意允許第三人使用者。

(三)因借用人怠於注意致借用物毀損或有毀損之虞者。

(四)借用人死亡者。　因借貸關係大都因對人的特別原因而成立。故借用人死亡。應認貸與人有終止契約權。各國立法例。有以借主死亡爲貸主有解約權者。有以借主死亡。爲使用借貸終結之原因者。本法則採用第二例也。

第四項　使用借貸之特別時效

使用借貸終結後。尙有應說明者。卽由借貸關係所生權利之特別時效也。由借貸關係所生之權利。在貸與人爲損害賠償請求權。在借用人爲償還費用請求權。及工作物取回權。此項權利。均因六個月間不行使而消滅。舊民法草案本定時效爲一年。本法縮短爲六個月者。蓋期適合於經濟發達社會之情形也。（民法四七三條一項）

至借貸時效之起算點。於貸與人自受借用物返還時起算。於借用人自借貸關係終止時起算。（前條二項）

第二節　消費借貸

第一項　消費借貸之意義

消費借貸者。謂當事人約定一方移轉金錢。或其他代替物之所有權於他方。而他方以種類品質數量相同之物返還之契約也。（民法四七四條。）此種契約。實際上適用之處極多。茲說明其性質如左。

第一、消費借貸。因領取實物而成立。（要物契約） 消費借貸之爲要物契約。自羅馬法以來。迄於今歐洲各國。莫不同然。即在日本民法。亦未言於未受金錢及其他替代物之先。消費借貸契約可以成立。蓋以消費借貸之目的。以金錢爲之者。十居八九。他物次之。無論何種必受取其物而後其契約始得成立。故爲要物契約。若契約既訂立。而物尚未交付。僅得稱之爲消費借貸之預約。法律上雖認爲有效。究不能適用消費借貸之規定也。

第二、消費借貸。貸與人須移轉物之所有權於借用人。 各國法律。往往有將貸與人負移轉物之所有權之義務。明定於消費借貸之定義中。日本新民法及我國民法。雖未明言。而在消費借貸。其借用人以消費其物爲目的。故非移轉其所有權。則不足以達其目的。觀於借用人得以消費物之同種類同等級同數量之物返還。當知貸與人有移轉所有權於借用人之義務矣。

第三、消費借貸。爲單務契約。　前述消費借貸。爲要物契約。故在其契約成立之當時。僅有借用人返還之義務。而貸與人則無義務之可言。卽有所謂移轉所有權之義務。亦非由消費借貸契約所生之義務。實由其預約所生之義務。故預約縱可爲雙務契約。而消費借貸成立後。實單務契約也。

第四、消費借貸之借用人。須返還以種類等級數量相同之物。　借用人負此義務。乃消費借貸契約當然之義務。固無事贅論。然所謂同種類同等級同數量者。自實際上觀之。原物已經消費。其眞正與之相同者恐少。茲所謂同種類云者。應依一般經濟觀念定之。不必求其實質之眞同也。

第二項　消費借貸之效力

消費借貸。因金錢或其他代替物之交付而生效力。（民法四七五條。）因之發生貸與人借用人間之義務如下。

第一、貸與人之義務　消費借貸爲單務契約。在貸與人本無義務之可言。然關於瑕疵擔保義務。雖在贈與行爲。亦所不免。則貸與人應負此義務。可知也。瑕疵擔保義務。有附利息或其他報酬借貸。與無報酬借貸之別。析述如左。

（甲）附利息或其他報酬之消費借貸。　附利息或其他報酬之消費借貸。爲有償契約之一。故貸與人之瑕疵擔保。與買賣契約及租賃契約略同。即借用物藏有瑕疵者。貸與人須易以無瑕疵之物。不特此也。即如借用人因此受有損害。仍得向貸與人請求損害賠償。此因貸與人受有利息或報酬之利益。故擔保責任較重也。（民法四七六條一項）

（乙）無報酬之消費貸借。　在無報酬之消費借貸。其物縱有瑕疵。借用人儘可將其物返還與貸與人。以不使貸與人負責爲原則。無他。既無利息。又無報酬。乃出於貸與人之恩惠行爲。若再使之負責。未免太酷。惟貸與人故意不告其瑕疵者。法律上亦令貸與人負前項所述之義務。（前條二項三項。）

第二、借用人之義務　借用人之義務。不外支付利息、或其他報酬。及返還借用物。二者。析述如左。

（甲）支付利息或其他報酬之義務。　附有利息或其他報酬之消費借貸。借用人當然負支付之義務。其支付期。大率當事人自定者居多。其自行約定者。固當依其特約。無特約者。法律須規定其時期。以免無益之爭議。而法律於未定期限者。定爲應於借貸關係終止時支付。其借貸期限逾一年者。定爲應於每年終支付之。者因此項利息或報酬。與普通金錢債務不同。不當按月支付也。（民法四七七條。）

（乙）返還借用物之義務。　消費借貸之借用人。負返還借用物種類品質數量相同之物之義務。其返還時期。當事人若定有特約者。從其特約。其未定時期者。借用人得隨時返還。依債權一般規定。貸與人無論何時。亦得請求返還。

然貸與之物。本欲令借用人得使用其物。若今日貸與。明日卽促是返還。頗不適合於當事人之意思。故法律上規定貸與人得定一個月以上之相當期限。催告其返還。（民法四七八條。）

借用人之返還義務。須爲同種類品質數量之物。已如前述。假使此種標的物。市場上頗爲缺乏。或竟至絕跡。致借用人不能返還者。就純理而論。似可免其義務。然果如此。在借用人實爲不當利得。故法律以給付該物價值代之。而物價標準。則以返還時返還地之價値定之。其返還時或返還地未約定者。以其物在訂約時或訂約地之價値償還之。（民法四七九條。）

第三項　金錢借貸之特例

借貸標的物。如係金錢。借用人於返還時。除契約另有訂定外。應依左列之規定。（民法四八〇條一項。）

（一）以通用貨幣爲借貸者。如於返還時已失其通用效力。應以返還時有通

用效力之貨幣償還之。（前條項一款）

（二）金錢借貸　約定折合通用貨幣計算者。不問借用人所受領貨幣價格之增減。均應以返還時有通用效力之貨幣償還之。（前條項二款）

（三）金錢借貸。約定以特種貨幣爲計算者。應以該特種貨幣或按返還時返還地之市價。以通用貨幣償還之。（前條項三款）

至關於以貨物折算金錢而爲借貸者。縱有反對之約定。仍應以該貨物按照交付時交付地之市價所應有之價値。爲其借貸金額。（民法四八一條）

第八章　僱傭

第一節　僱傭之意義

僱傭者。謂當事人約定一方於一定或不定之期限內。爲他方服勞務。他方給付報酬之契約也。（民法四八二條。）其服勞務者。謂之受僱人。與以報酬者。謂之僱用人。茲分解其意義如左。

第一、僱傭者。受僱人對於僱用人約明服其勞務者也。 勞務云者。包身體上精神上一切勤勞而言。其範圍初無限制。故僕婢之勞務勿論矣。卽如教師、醫士、律師等勤勞。亦皆爲僱傭契約。依從來之立法例。有以體力上之勞務（不自由勞務）得爲僱傭契約之目的。而智力上之勞務。（自由勞務）不得爲此契約之目的者。卽僱傭契約。祇限於勞力者。而不包含勞心者是也。其所以如此規定者。不外自羅馬法以來。賤視勞力者之慣習。抑知供給精神的勞務。初非毀其人之品位。亦非束縛其人之精神。其允約也。亦本其自由意思。毫無不法之點。若因束縛人之自由。卽謂之不法。則一切契約。皆不免限制其幾分之自由。而契約之可廢者多矣。故近來立法例。於勞務不加限制。無論勞力與勞心。此契約皆得有效成立。我民法亦採用之。又所謂服其勞務者。指結約者自服勞務而言。若約明係他人代爲之者。乃承攬契約。及無名契約。非僱傭契約也。

第二僱傭者僱用人對於受僱人約明與以報酬者也　僱用人若無支付報酬之義務。則爲他種契約。不得謂爲僱傭契約。又所謂報酬者。在羅馬法則限於金錢。然實無限於金錢之理由。其各種給付。亦得爲報酬也。故我民法不採限於金錢報酬之說。

依以上說明。可知僱傭之性質。爲諾成契約。又爲雙務且有償契約也。惟遇有非受報酬卽不服勞務之情事者。僱用人當訂約時。雖未明言報酬。而法律上則視爲默示允與報酬。申言之。卽可照僱傭契約論。所以防爭議也。（民法四八三條一項）又未明定報酬額者。須按價目表所定給付之。無價目表者。則應按照習慣給付之也。（前條二項）

第二節　僱傭之效力

僱傭之效力。可分爲僱用人之義務。與受僱人之義務。言之。

第一、僱用人之義務。

（1）非經受僱人同意。不得將其勞務請求權讓與第三人。僱傭契約概着眼於當事人身上而締結之故乙與甲訂服其勞務之契約。其目的在於服甲之勞務而非對於無論何人皆可服此一定之勞務者。此僱用人所以非經受僱人同意。不得將其權利。讓與第三人也。（民法四八四條一項前段。）

（2）給付報酬。僱用人須於何時給付報酬。視當事人間有無特約而殊。有特約者須照約定期限給付報酬。無特約者依習慣。其無特約亦無習慣者依左列之規定。（民法四八六條一項。）

（子）報酬分期計算者。應於每期屆滿時給付之。（前條一款。）

（丑）報酬非分期計算者。應於勞務完畢時給付之。（前條二款。）

（3）受領勞務。不得遲延。僱用受領勞務。依一般債權規定。無許其遲延之理。如受領遲延。受僱人無補服勞務之義務。仍得請求報酬。（民法四八七條前段。）但亦非無例外。卽受僱人因不服勞務所減省之費用或轉向他處服勞務所取得或故意怠於取得之利益。僱用人得由報酬額內扣除之。（民法四八七條之但書。）

第二、受僱人之義務。

（1）非經僱用人同意。不得使第三人代服勞務。　其理由以受僱人與僱用人間之關係。爲專屬關係故也。（民法四八四條一項後段。）

（2）保證其有特種技能。　受僱人明示或默示。保證其有特種技能者。如無此特種技能。僱用人得終止契約。所以爲保護僱用人利益也。（民法四八五條。）

第三節　僱傭之終止

僱傭契約終止之原因不外約定期限屆滿及因當事人間之事由二者茲述明

如下。

第一、因約定期限屆滿而終止。因約定期限屆滿而終止者。其僱傭契約卽歸消滅。固不待言。其僱傭未定期限。亦不能依勞務之性質或目的定其期限者。法律規定使各當事人得隨時終止契約。但有利於受僱人之習慣。從其習慣。是亦保護經濟弱者利益之旨也。（民法四八八條）

第二、因當事人間事由而終止。按當事人之事由。不外違約及正當原因暨過失三者。關於當事人之一方違約。他方得終止契約。本法第四八四條二項及四八五條末段已有規定。茲之所謂事由者。卽正當原因及過失二者。假使當事人一方遇有重大事由。其僱傭契約縱定有期限。仍得於期限屆滿前終止之。所謂正當云者。卽如受僱人因疾病、兵役、不能服勞務。僱用人因受重大影響。致經濟狀況有變更之情形。皆是。但債權一般規定。貴明責任。卽如前列事由。如因當事人一方之過失而生者。他方並得向其請求損害賠償。（民法四八九條）

第九章　承攬

第一節　承攬之意義

承攬云者。謂當事人約定一方爲他方完成一定之工作。他方俟工作完成。給付報酬之契約也。（民法四九〇條。）爲人完成事項者。謂之承攬人。俟事項完成與之報酬者。謂之定作人。茲分解其意義如下。

第一　承攬者。承攬人約完成某事項者也。　承攬契約之目的。在於事項之完成。故承攬人對於定作人所負之給付。非勞務而爲勞務之結果。此與僱傭契約大不同之點也。但承攬與僱傭。實易於相混。例如僕役奉主人之命而服勞務。其爲僱傭無疑。又如工程師包作某項工程。其爲承攬。亦無疑。惟依於情事。有介於僱傭與承攬之間而不易區別者。如運送契約。多有認爲僱傭者。以運送人奉送貨人之命而爲運送。有類於僱傭也。然運送契約。固非僅以行船走車爲目的。乃以貨物之達到交付地爲目的。故爲承攬。而非僱傭。又如醫生治病。其以出診次數計酬者爲僱傭契約。若包治者。則爲承攬契約。要之須探索當事人之意思。及契約內容決之也。

第二、承攬者定作人因事項之完成。而與以報酬者也。　報酬爲事項完成之對價。而報酬之爲物。則不必限於金錢。又報酬之額。亦不必於契約成立時確定。但示以可確定之方法足矣。

第三、承攬者契約也。　承攬關係之成立。須有定作人與承攬人兩造意思表示之合致。故承攬非單獨行爲。而此契約。既爲不要式契約。亦爲諾成契約。就兩造各以交換爲目的之點而言。乃有償契約也。就兩造一方擔負完成某事項之債務。一方擔負給付報酬之債務之點而言。則爲雙務契約也。

此外尚有應說明者兩點。卽（1）事項之種類。德日民法。及我民法。均無何等制限。故凡依人之勞務所可得之結果。不問其有形無形。皆得爲承攬契約之標的。

故如房屋之建築。器具之構造。或修繕。等有形之製作品。得充承攬之標的。固無待言。卽如人與物之運送。書畫之揮毫。及測量奏樂等。亦皆可爲承攬之標的也。（2）完成某事項。有不需乎材料者。有需乎材料者。如需乎材料。有由定作人供給之者。亦有由承攬人供給之者。如由承攬人供給材料時。學者間謂之「供給製作物契約」。其情形頗似買賣。但當事人之意思。注重於某事項之完成。則仍爲承攬契約。此又不可不辨也。

第二節　承攬之效力

關於承攬契約之效力。得就下列諸點說明之。

第一、承攬人之義務。

（1）完成約定之事項。　完成約定事項之行爲。民法並不限定須承攬人親自爲之。除當事人間有特約外。不妨使第三人代爲之。惟完成約定事項。則爲承攬人所負之債務。故遇不履行時。當依債權一般規定。使承攬人負完全責任。觀於民法四九二條。承攬人完成工作語意可知也。

(2)具備約定物之品質。　承攬人除就其物服勞務外。尚應使其具備約定之品質、及無減少、或滅失價值、或不適於通常、或約定使用之瑕疵。(民法四九二條。)

(3)擔保責任。　承攬爲有償契約。故承攬人負完成事項不留瑕疵之義務。事項之標的物有瑕疵者。視爲有瑕疵之事項。略與買賣契約中所述標的物有瑕疵之意義同。即所謂承攬人於所成「事項」或於所成「事項之標的物」未符約定確保之性質也。因之定作人發生下列之請求權。

(子)請求修補瑕疵。　在於買賣契約。買主因標的物有瑕疵。得解除買賣。或減少價金。而承攬契約。定作人因標的物有瑕疵。不遽請求解除契約。或減少價金。而使先請求修補瑕疵者。因承攬人義務在完成事項。事項標的物。雖有瑕疵苟於相當期間內。爲之修補。則於完成事項之目的不背。即無庸解除契約也。至承攬人不爲修補。則定作人爲自衞起見。得自行修補。向承攬人請求償還修補必要之費用。此法律保護定作人之意也。惟修補瑕疵有時需費過鉅者。例如房屋建築告竣。因土地疆界位置。不便遽欲移轉。則與創造無異。若仍令承攬人修補。似覺過酷。故許其有拒絕權。此則與買賣賃貸等契約情形不同。而爲承攬契約之特例也。（民法四九三條。）

（丑）請求解除契約或減少報酬。　前述事項。或標的物有瑕疵。定作人不遽解除契約者。以瑕疵修補仍可達到定作之目的也。若承攬人不於所定期間。或依四九三條第三項拒絕修補。以及瑕疵不能修補。是定作人之目的。終無由而達。故非就解除契約與減少報酬二者。擇一行之不可。而行使此種權利。即準用解除買賣及價金減額之規定。蓋非此不足以保護定作人之利益也。但瑕疵如非重要。或所承攬之工作物。爲建築物。或其他土地上之工作物

修補不易者。祇可請減報酬。不許解除契約。所以重公益而爲國民經濟着想也。（民法四九四條）

（寅）請求損害賠償　因可歸責於承攬人之事由。致工作發生瑕疵者。定作人除依四九三條四九四條之規定。請求修補或解除契約或減少報酬外。並得請求損害賠償。與買賣契約中。買主對於賣主因不履行之損害賠償請求權相同。蓋承攬與買賣雖内容不一。而承攬人之瑕疵擔保義務。固與賣主無殊也。（民法四九五條）

以上定作人之請求權。皆自承攬人瑕疵擔保義務而生。惟工作之瑕疵。如因定作人所供材料之性質。或依定作人之指示而生者。定作人無前三條所規定之權利。應由定作人自負其責。蓋瑕疵之由來。全基於定作人之材料與指示也。但亦有例外。卽承攬人明知其材料之性質或指示不適當。而不告知定作人者。不在此限是也。（民法四九六條）

又工作進行中因承攬人之過失顯可預見工作有瑕疵或有其他違反契約之情事者。定作人得定相當期限請求承攬人改善其工作或依約履行。如依承攬契約之結果由第三人爲此工作。設第三人不於前項期限依照改善或履行者。定作人得使承攬人改善或繼續其工作。其危險及費用均由承攬人負擔。所以防承攬人有背交易上誠實及信用之旨也。（民法四九七條。）

關於前述定作人權利之時效。亦係因瑕疵擔保義務而生。故法律亦連類規定之。依民法第四九八條一項之規定。則此等權利之時效。原則逾一年而消滅。其僅認一年之時效者。因瑕疵之有無大小性質等。久則難於證明。而訴訟時。無從判斷。設契約履行後。經久仍有請求權。更恐其人之經濟上位置。已非昔比。故使於極短期間行使之也。但法文並不禁止以契約伸長之者。因事項之性質。有以長期擔保爲必要者。例如鐘表有保證其機件數十年不損壞者。建築有保證其數十年不破損者。既當事人協議伸長其期間。法律無禁止之必要也。

至其期間之起算點。則自承攬人交付其事項標的物時起算。設工作依其性質無須交付者。則自工作完成時起算。亦事理之當然也。（民法四九八條二項）

又一年時效之規定。對於尋常事項之標的物。固可適用。若工作爲建築物。或其他土地上之工作物。或爲此等工作物之重大之修繕者。則規定宜有不同。蓋土地上之工作物。其瑕疵不易發見。且有因工作物滅失毁損後。始發見其瑕疵者。若僅於一年之後。承攬人卽不負責任。則承攬人幾同於無責任矣。故於此等工作物。其時效期限。延爲五年。（民法四九九條）

又承攬人故意不告知其工作之瑕疵者。本法第四百九十八條所定之期限。延爲五年。第四百九十九條所定之期限。延爲十年。所以防止承攬人之惡意。保護定作人之利益也。（民法第五百條）

按舊民法草案。關於時效期間。無得以契約加長之明文。頗爲疏漏。本法對於第四九八條第四九九條所定之瑕疵擔保期限。爲公益起見。許得以契約加長。並以但書限制之。不得以契約縮短。固較舊民法草案爲優。其立法旨趣。參觀德意志民法第六三八條。及日本民法第六三九條自明。（民法五〇一條。）

至因可歸責於承攬人。致工作不能於約定期限完成。或未定期限。經過相當時期而未完成者。定作人得請求減少報酬。如以工作於特定期限完成。或交付爲契約之要素者。定作人並得解除契約。（民法五〇二條。）又因可歸責於承攬人之事由。遲延工作。顯可預見其不能於期限內完成者。定作人得解除契約。但以其遲延可爲工作完成後解除契約之原因者爲限。（民法五〇三條。）蓋一則注重約定期限。以資準據。一則限制承攬人遲延。以保護定作人之利益。與本法第四九四條第四九五條之立法旨趣有別。

第二、定作人之義務。

（1）受領工作。　承攬人依約完成工作後。定作人即負受領之義務。與買主負受領買得物之義務正同。惟買賣爲權利或實物之移轉。從無不爲受領之事。而承攬爲事項之完成。事項之性質。有時無須受領者。斯不以受領爲要耳。此不同之點也。

工作如有遲延。定作人於受領工作時。不爲保留其權利者。承攬人對於遲延之結果。不負責任。（民法五〇四條。）

（2）支付報酬。　支付報酬爲定作人之當然義務。如依情形非受報酬卽不爲完成其工作者。視爲允與報酬。其未定報酬額者。應按照價目表所定給付之。無價目表者。則按照習慣給付。（民法四九一條）至支付之時期。原則應於工作交付時給付之。若其事項之性質。無須交付者。應於工作完成時給付之。例如爲定作人修繕房屋等事項。祇供勞務。別無標的物之交付者。則自事項完成時。視爲定作人已經受領。故於其時。應卽支付報酬也。（民法五〇五條一項。）又工作係分部交付。而報酬係就各部分定之者。應於每部分交付時給付該部分之報酬。（民法五〇五條二項。）

此外尙有特種承攬之報酬。亦爲定作人義務之一。所謂特種承攬者。卽承攬契約有特別情形也。凡承攬工事。有估計額與完成額不符者。事所恆有。如訂立契約時。僅估計報酬之槪數者。其報酬因非歸責於定作人之事由。超過槪數甚鉅者。若强令定續行契約。於理未協。故法律許定作人得於工作進行中或完成後有解約之權。（民法五〇六條一項。）但前項情形。工作如爲建築物或其他土地上之工作物。或爲此等工作物之重大修繕者。定作人僅得請求相當減少報酬。不得解除契約。所以顧及經濟效用。兼顧承攬人之利益也。若工作物尙未完成。定作人得通知承攬人停止工作。並得解除契約。所以免將來無益之爭論也。（民法五〇六條二項）然定作人依前二項之規定。旣已行使解約權矣。但不能謂承攬人無所損害。（如已服勞務之相當報酬、及不在報酬內之墊款。）依理承攬人有請求賠償之權。故法律規定定作人對於承攬人應賠償相當之損害。（民法五〇六條三項。）

（3）任遲延之責。此惟於特別情形時有之。即某種工作需定作人之行爲始能完成者。列如須定作人供給材料。或由定作人指示。或須定作人到場。（如寫眞畫像）始得完成其事項。若定作人不爲其行爲時。承攬人得定相當期限催告定作人爲之。（民法五〇七條一項）如定作人怠於行爲。應任遲延之責。因之承攬人發生左列之權利。

（子）解除契約權。定作人已定相當期催告。而定作人不於其期限內爲其行爲者。承攬人得解除契約。（民法五〇七條二項）

（丑）損害賠償請求權。定作人怠於行爲。自不應使承攬人蒙其損害。故承攬人有損害賠償請求權。

第三、工作物之危險負擔。工作物有毀損滅失之危險。究應歸承攬人負擔。抑應歸定作人負擔。古來學說不一。本法定爲於定作未受領前由承攬人負擔。如定作人受領遲延者。其危險由定作人負擔。（民法五〇八條一項）

至定作人所供給之材料因不可抗力而毀損滅失並非因歸責於承攬人之事由而生危險者。承攬人不負其責。（民法五〇八條二項）

於危險負擔問題外。法律更設一特例以定承攬人與定作人間之權責關係。卽受領工作前。如因定作人所供給之材料有瑕疵。或其指示不適當。致工作之事項標的物毀損滅失。或不能完成者。自不能歸責於承攬人。如承攬人及時將材料之瑕疵或指示不適當之情事。通知定作人時。得請求其已服勞務之報酬及墊款之償還。若定作人因過失而致前述情形者。承攬人更可依通常之規定。請求損害賠償。（民法五〇九條。）

前述危險負擔法則。及定作人承攬人權責關係。均以工作物之受領與否爲斷。而工作之性質。有無須交付者。其工作完成。卽無須受領。（例如爲定作修繕房屋之類。）法律於工作完成時。視爲工作物已經受領。亦事理之當然也。（民法五一〇條。）

第四、承攬債權之擔保。承攬人依承攬契約而得之債權。必使其容易實行。法律特設定擔保。即所謂抵押權是也。按抵押權爲不動產上之擔保物權。承攬之工作。爲建築物或其他土地上之工作物。或爲此等工作物之重大修繕者。就該承攬關係所生之債權。亦因便利之故。使對於其工作所附之定作人之不動產。有抵押權。（民法五一三條）

第三節　承攬之終止

關於承攬終止之原因。除承攬人完成工作。及工作有瑕疵。暨定作人遲延。得解除契約外。尚有一特別規定。即工作未完成前。定作人得隨時終止契約是也。蓋爲承攬目的之工作事項。乃專爲定作人利益而爲之。既定作人不欲工作之完成。亦無强使完成之必要。故於工作未完成之前。無論何時。得終止契約。然終止契約。係定作人一方之意思。亦不能使承攬人無故受損。自應賠償承攬人因契約終止而

生之損害以昭平允。（民法五一一條）

又承攬關係。亦有因對人的特別原因而成立者。故承攬之工作。以承攬人個人之技能爲契約之要素。如承攬人死亡。或非因其過失。致不能完成其約定之工作時。則其契約當然終止。（民法五一二條一項）但工作已完成之部分。於定作人爲有用者。定作人有受領及給付相當報酬之義務。亦所以保護承攬人之利益也。（民法五一二條二項）

第四節 承攬之特別時效

承攬契約終止後。尙有應說明者。卽承攬關係消滅之特別時效是也。由承攬關係所生之權利。在定作人爲瑕疵修補請求權。修補費用償還請求權。減少報酬請求權。契約解除權。在承攬人爲損害賠償請求權。契約解除權。此等權利在定作人方面。因瑕疵發生後。在承攬人方面。因其原因發生後。均因一年間不行使而消滅。

法律如此特別規定者。以免權利常陷於不確定之狀態也。（民法五一四條）

第十章　出版

第一節　出版之意義

出版云者。謂當事人約定一方以文藝學術或美術之著作物。爲出版而交付於他方。他方擔任印刷及發行之契約也。（五一五條）交付著作物者謂之出版權授與人。擔任印刷及發行著作物者。謂之出版人。茲析述之。

第一、出版者。出版權授與人以文藝學術或美術之著作物。約定出版而交付於出版人也。出版權授與人。並不以著作者本人爲限。即因讓與承繼及其他原因而享有著作物之權利者亦屬之。故如家藏珍貴文書圖畫。自己雖非著作者。而以之交人承印發行。亦可適用出版之規定。著作物含義頗廣。其關於文藝及學術而有文字上之組織者。固爲著作物。即如照片雕刻模型等。而有關於美術方面者。亦不失爲著作物。爲出版而交付著作物。則與版權之讓與各別。如出賣稿件。卽無出版之可言。

第二、出版者。出版人對於著作物。約定擔任印刷及發行也。　何謂印刷卽用機械或印版及其他化學材料爲複製之謂。何謂發行。卽出售或散佈之謂。蓋出版人以印刷發行並重。不僅爲出版人之權利。抑且爲出版人之義務。苟違反此項義務。而延不出版者。出版權授與人得依一般債之原則。解除契約。（二五四條二五五條參照）或請求損害賠償。（二二七條參照）

第三、出版者。契約也。　出版乃出版權授與人及出版人之法律關係。而此種法律關係。須兩造意思表示之合致。乃能成立。一經成立。雙方各負有義務。卽不但出版人負有出版之義務。而出版權授與人亦負有使對方得獨占利用其著作物之義務。故爲雙務契約。而此種契約之締結。無須具備一定之方式。故爲不要式契約。又爲當事人合意而成立。故爲諾成契約。惟出版契約。雖以有償爲原則。然有償並非出版契約之要素因之締約當時約定不與報酬甚至補助印刷費之一部者亦無妨於出版契約之成立此出版與買賣租賃等重大之差異也此外尙有應行說明之一點卽關於出版契約自羅馬法以來各國向不認爲獨立有名之契約有之蓋自德國始德於一九〇一年頒布出版權法律後瑞士債務法則以出版契約列爲一章規定頗詳本法殆採瑞士之立法例而爲規定者也

第二節　出版之效力

關於出版之效力可分出版權授與人之義務及出版人之義務言之

第一　出版權授與人之義務

（甲）出版授與權或著作權之擔保　出版權授與人負使對方（出版人）得獨占利用其著作物之義務前既言之故當出版契約成立時出版權授與人應擔保有出版授與之權利或著作物如受法律上之擔保者並應擔保其

有著作權。（五一六條二項）出版人始得獨占利用其著作物。俾享受出版之效益。出版權授與人。倘無著作權。或著作物依法註冊而無著作權。（著作權法第一條參照）卽屬權利欠缺。與出版契約有重大瑕疵。出版人自得請求損害賠償。或解除契約。惟著作人之權利。於契約實行之必要範圍內。移轉於出版人。（五一六條一項）蓋著作物之複製。雖爲著作人專有之權利。然實行約定出版之必要範圍內法律上爲賦與出版人之出版權起見。不得不移轉於出版人也。

（乙）第三人已爲出版或公表之告知。　出版權授與人。已將著作物之全部或一部交付第三人出版。於契約成立前。固應將其情事告知出版人。卽經第三人公表其著作物之全部或一部。而爲出版權授與人所明知者。亦應告知出版人。（五一六條三項）蓋著作物先曾經出版或公表。於銷行出版物。甚有關係。故出版權授與人。應負告知之義務。倘違反此項義務。出版人得請求損害賠償。自不待言。惟出版人可得利用著作物而爲出版時。其版數如何。當依約定以爲斷。版數未約定者。出版人僅得出一版。（五一八條一項）較與當事人之眞意相合。至每版之部數。如未約定。則法無明文。解釋上自應由出版人決定之。但應依出版權授與人之要求。就適當頒布所必要之部數。而爲出版也。（參照瑞士債務法第三八三條）

（丙）得印行之出版物。未賣完前。出版權授與人。不得爲不利於出版人之處分。　著作人有著作物複製之權。依上所說明。既應移轉於出版人。則於出版人得印行之出版物未賣完前。出版權授與人。自不得就著作物之全部或一部爲不利於出版人之處分。（五一七條）致影響出版物之銷行。所謂不利於出版人之處分。如自己出版或另交第三人出版。及其他足以妨害出版人之利益者。皆屬之。反之著作人。如不妨害出版人之利益。或增加其責任之範圍內。得訂正或修改其著作物。（五二〇條一項前段）以適應現代文化日在進步之環境。但對於出版人。因此所生不可預見之費用。應負賠償責任（同條一項但書）例如因訂正或修改所生之廣告費。重行稟報備案之費用。（出版法第九條參照）著作人應爲賠償是也。

惟於此有宜注意者。所謂得印行之出版物。係指有權出版者而言。如出版權授與人。已約定部數。出版人。若於額外私自增印。即非得印行之出版物。自非法之所許。又著作物翻譯之權利。除契約另有訂定外。仍屬於出版權授與人。（五二二條）因之出版權授與人。將已出版之著作物。譯成他種文字。交第三人出版者。不得謂之爲不利於出版人之處分。所以明著作物翻譯權利之誰屬也。

第二、出版人之義務。

（甲）出版人對於著作物。不得增減或變更。（五一九條一項） 著作物乃著作人精神的產物。與社會之文化。及其個人之名譽。有密切之關係。故出版人。不得增減或變更其著作物。此出版人應負之義務。從而同一著作人之數著作物。爲各別出版。而交付於出版人者。出版人不得將其數著作併合出版。又著作人以其著作物爲併合出版。而交付於出版人者。出版人不得將其著作物。各別出版。（五二一條）亦所以尊重著作人之意思。不容出版人任意變更耳。

不但此也。即出版人於印刷新版前。應予著作人以訂正或修改著作物之機會。（五二〇條二項）蓋著作既有關於社會之文化。著作人如無訂正或修改之機會。勢難求著作物之改良。故此之所謂訂正或修改。與前之所述訂正或修改者。其義迥不相同。前者在於著作人。如不妨害出版人之利益。或增加其責任之範圍內。得訂正或修改其著作物。並負擔出版人因此不可預見之費用。而此之情形。僅在於新版印刷前。著作人有訂正或修改之權利。此不可以不辨也。

（乙）著作物之印刷及發行。　印刷及發行。應以自己之計算爲之。質言之。印刷及發行之損益。概歸之於出版人也。出版人應以適當之格式印刷著作物。並應爲必要之廣告。及用通常之方法。推銷出版物。（五一九條二項）實際上爲自己出售或交他人發賣。而實行印刷者。爲自己抑或他人皆非所問。惟出版物之賣價。由出版人定之。但不得過高。致礙出版物之銷行。（五一九條三項）所謂不得過高者。則又應依客觀的標準決之。雙方當事人主觀的見解如何。亦非所問耳。

（丙）報酬之給付。　有償非出版契約之要素。換言之。給付報酬與否。由出版契約之當事人。自由約定。其未約定。如依情形。非受報酬。卽不爲著作物之交付者。視爲允與報酬。（五二三條一項）例如因宣傳而交付著作物。應爲有報酬之推定是也。又出版人有出數版之權者。其次版之報酬。及其他出版之條件。推定與前版相同。（同條二項）以前版之報酬。當事人間既無異議。則次版以後之報酬及其他條件。推定與初版相同者。實合當事人之眞意。惟報酬之數額與時期。爲給付報酬時重要之事項。茲分別說明如左。

（一）報酬之數額。　當事人已約定報酬之數額者。自應從其約定。惟推定允與報酬時。其數額如何。乃實際上之一疑問。瑞債三八八條二項定爲由法院依鑑定人之意見定之。則本法雖無明文。解釋上亦應如此。

（二）報酬之時期。　報酬之時期。有以著作物全部或一部之印刷完畢時而爲給付。有依銷行之多寡而爲給付之二種。在前之情形。卽著作物全部出版者。應於其全部印刷完畢時給付報酬。分部出版者。應於其各部分印刷完畢時給付報酬。（五二四條一項）誠以計算報酬額。往往以著作物之字數爲標準。而字數之多寡。恆有印刷完畢前不能確定。（印刷完畢前著作人得訂正或修改其著作物。）故必俟印刷完畢後而爲給付報酬。始適合實際。在後之情形。卽報酬之全部或一部。依銷行之多寡而定者。出版人應依習慣計算支付報酬。並應提出銷行之證明。（同條二項）所謂應依習慣。如依三節結賬之例。提出銷行證明。如提出發行賬及單據是也。

第三節　出版之終止

出版契約。依一般法律行為消滅之原因而歸消滅者。固不待言。卽出版人得印行之出版物已賣完時。其出版契約。當然終止。亦毋待論。惟左列出版契約消滅之原因。有終止後。其契約依然存續者。及因該項之終止應否給付報酬。則不無問題之可言。茲依次說明之。

第一、著作物滅失時。　著作物交付出版人後。因不可抗力而致滅失者。其契約當然終止。但滅失之著作物。如著作人另存有稿本者。有將該稿本交付於出版人之義務。則其契約。依然存續者一。無稿本時。如著作人不多費勞力。卽可重作者。應重作之而為交付。則其契約。依然存續者二。不過交付另稿或重作時。著作人

得請求相當之賠償。(五二五條二項三項)

第二、出版物滅失時。印刷完畢之出版物。於發行前。因不可抗力致全部或一部滅失者。其契約全部終止。或按一部終止。但出版人得以自己之費用。就滅失之出版物。補行出版。(五二六條前段)則其契約。又仍然存續者。可無疑義。

上述終止契約之原因。雖同一不可抗力之情形。然一則在著作物交付以後。一則在出版物發行以前。則此際之出版人。應否給付報酬。依著作物應於全部或一部之印刷完畢時。而爲給付報酬之明文。不難分別認定。由前言之著作物交付出版人後。印刷完畢前。著作人未受報酬可知。而此時因不可抗力致著作物滅失者。其危險責任。自應由出版人負擔。因之仍應負給付報酬之義務。(五二五條一項)由後言之出版物。印刷完畢後。於未發行前。著作人已受報酬可知。(報酬依銷行之多寡而定者不在此限)此時因不可抗力。致出版物之全部或一部滅失者。而出版人以自己之費用。補行出版。則對於同一數量之出版物。

著作人自無取得二重報酬之理。故此時出版人無須補給報酬。（五二六條後段）始照平允。然報酬之全部或一部。依銷行之多寡而定者。卽俗所謂抽版稅之出版契約。出版人就滅失部分補行出版者。對於出版權授與人。仍應給付報酬。因該滅失之部分出版權授與人。並未取得報酬故也。

第三、著作物不能完成時。　著作物未完成前。著作人死亡或喪失能力或非因過失致不能完成其著作者。其出版契約關係消滅。（五二七條一項）蓋此種情形。非歸責於當事人雙方之事由。出版權授與人固免交付著作物之義務。出版人亦免給付報酬之義務。雙方契約關係。當然終止。但亦不無例外。如出版契約關係之全部或一部之繼續。爲可能且公平者。法院得許其繼續。並令爲必要之處置。（同條二項）換言之。卽第三人如有完成該著作物之可能且公平者。仍不妨繼續原約耳。

第十一章　委任

第一節　委任之意義

委任云者。謂當事人約定一方委託他方處理事務。他方允爲處理之契約也。（五二八條）其委任之一方。謂之委任人。受託之一方。謂之受任人。委託處理之事務。謂之委任事務。茲分解其意義如下。

第一、委任者。委任人委託受任人處理事務也。　委託處理事務。委任人得指定一項或數項而爲特別委任。或就一切事務而爲概括委任。（五三二條二項）均無不可。而委任事務。有以法律行爲爲限者。有不以法律行爲爲限者。日本民法規定事實的委託。不在委任契約之內。卽屬於前者。然自羅馬法以來。委任事務。則不限於法律行爲。卽涉及法律行爲以外之事務。亦可爲委任契約。而本法則不問委任之事務。是否限於法律行爲。卽凡爲他人處理事務。皆爲委任。又處理事務。有爲委任人或第三人之利益者。有爲委任人及第三人或受任人之利益者。亦有爲第三人及受任人之利益者。若僅爲受任人之利益。則不生處理事務之債務。不能以本節之委任論。

第二、委任者。受任人約定允爲處理事務也。　受任人允爲處理事務。不必以明白表示爲限。即有承受委託處理事務之公然表示者。爲對於該事務之委託。不即爲拒絕之通知時。視爲允受委託。（五三〇條）以符合當事人之眞意。但受任人之權限。則應依委任契約之訂定定之。其未訂定。依其委任事務之性質定之。（五三二條一項）以不違反委任之目的爲已足。而對於達到該目的之方法。受任人則不無多少裁酌之自由。蓋委任因委任人信賴受任人而受任人又非單純供給勞務者可比。苟不予以裁酌之餘地。則往往無以達委任之目的。惟處理結果。其事務果否完結。則於委任契約之本質無涉。

第三、委任者。契約也。　委任契約。僅由當事人間意思之合致而成立。不必具備何種之方式。及交付某種標的物之行爲。故爲不要式契約。又爲諾成契約。如當事人間。有給與報酬之特約時。卽屬有償契約。受任人有處理事務之義務。委任人不負何等義務。則又爲片務契約。惟關於有償及片務之點。並非委任之要素。

依上開說明。委任之意義與性質。吾人可知其梗概。但法律行爲之委任。似與代理權之授與相同。然二者各有其特點。究不可混爲一談。代理權授與之行爲不過決定代理人之意思。應否對於自己發生法律效果。故代理權授與後代理人對於本人。不因此而負代理行爲之義務。其負有義務者。則爲委任契約或其他爲代理原因之法律關係之效果。而非代理權授與行爲之效果也。故僅有委任關係而無代理權之授與者。固所常有。（如受任人以自己名義、爲委任人買入物品是、）有代理權之授與。而無委任關係者。亦屬無妨。（如執行業務之合夥員、處理合夥事務是、）是又應注意者也。

又代權理之授與。僅以意思表示爲之。（一六七條參照）而處權理之授與。則有以文字爲之者。卽委任事務之處理。須爲法律行爲。而該法律行爲。依法應以文字爲之。其處理權之授與。亦應以文字爲之。（五三一條）此蓋以該法律行爲應以文字爲之之時（物權編七六〇條參照）爲前提。而後授權行爲。始應以文字爲之。固不得因此而謂委任爲要式行爲也。

委任之目的。在於處理事務。與僱傭承攬供給勞務者各別。然處理事務。有時須服勞務。但非委任本身之目的。特以服勞務爲處理事務之手段而已。不過委任契約。爲一切處理他人事務契約之準則。關於勞務給付之契約。不屬於法律所定其他契約之種類者。適用關於委任之規定。（五二九條）

第二節　委任之效力

委任係片務契約。故言其實質。僅受任人負義務。委任人無義務可言。惟委任成立以後。其效力所及。有時委任人亦應負義務者。茲分述如左。

第一、受任人之義務。

(甲)處理事務之義務。處理事務。爲受任人主要義務故應注意左列各點
(一)受任人處理事務。應依委任人之指示並與處理自己事務爲同一之注意。其受有報酬者。應以善良管理人之注意爲之。(五三五條)前者之注意應依受任人平日注意之程度決之。後者之注意應依一般的情形決之。
(二)受任人非有急迫之情事。並可推定委任人若知有此情事亦允許變更其指示者。不得變更委任人之指示。(五三六條)所以防委任人蒙不利益之結果也。
(三)受任人受特別委任者。就委任事務之處理。得爲委任人爲一切必要之行爲。(五三三條)所謂必要行爲。卽訴訟行爲亦包括之。
(四)受任人受概括委任者。得爲委任人爲一切法律行爲。但(A)不動產之出賣。(B)不動產之租賃其期限逾二年者。(C)贈與。(D)和

解。（E）起訴。（F）提付仲裁等行爲。須有特別之授權。始能爲之。（五三四條）

（五）受任人應自己處理事務。若不經委任人之同意。或另無習慣。或無不得已之事由。使第三人代爲處理事務者。就該第三人之行爲與就自己之行爲。負同一責任。（五三七條五三八條一項）

（六）受任人經委任人之同意。或另有習慣。或有不得已之事由。使第三人代爲處理事務者。僅就第三人之選任。及其對於第三人所爲之指示。負其責任。（五三八條二項）

前（五）（六）兩項情形。受任人使第三人代爲處理事務者。不問其適法與否。委任人對於該第三人關於委任事務之履行。有直接請求權。（五三九條）因該事務。本爲委任人之事務也。

（乙）報告之義務　卽受任人對於委任人應報告事務進行之狀況。（日德

民法均定明爲經委任人之請求而爲報告、）若委任關係終止時。應明確報告其顚末。（五四〇條）

（丙）交付及移轉之義務。受任人因處理事務所收取之金錢物品及孳息。應交付於委任人。受任人以自己之名義爲委任人取得之權利。應移轉於委任人。（五四一條）

（丁）支付利息及賠償損害之義務。賠償損害之情形有二。

（一）受任人爲自己之利益。使用應交付於委任人之金錢。或使用應爲委任人利益而使用之金錢者。除應自使用之日起支付利息外。如有損害。並應賠償。（五四二條）

（二）受任人因處理事務有過失。或因逾越權限之行爲所生之損害。對於委任人應負賠償之責。其委任爲無償者。受任人僅就重大過失負過失責任。（五四四條）

第二、委任人之義務。

（甲）權利處分之限制。　委任關係。乃專屬性質。故委任人非經受任人之同意。不得將處理委任事務之請求權。讓與第三人。（五四三條）然此非强行法規。若經受任人之同意。當事人得因有特約以讓與之。

（乙）支付費用之義務。　委任人應支付之費用。有左列二點。

（一）委任人因受任人之請求。應預付處理委任事務之必要費用。（五四五條）因之受任人未受預付以前。不爲委任事務之處理。係因不可歸責於債務人之事由。自不負遲延責任。（二三〇條參照）

（二）受任人因處理委任事務。支出必要費用。委任人應償還之。並給付自支出時起之利息。（五四六條一項）惟必要之費用。指不違反其注意責任。於支出當時。認爲必要者而言。並非以處理事務所必要。或有益費用爲限也。

（丙）清償債務提出擔保之義務。受任人因處理委任事務負擔必要債務者。得請求委任人代其清償。未至清償期者。得請求委任人提出相當擔保。（五四六條二項）

（丁）賠償損害之義務。受任人處理委任事務。因非可歸責於自己之事由。致受損害者。得向委任人請求賠償。（五四六條三項）然此之所謂非歸責於自己之事由。應分別論之。即有報酬之受任人。無輕微過失無報酬之受任人。無重大過失者是也。（五三五條參照）

此外委任人有無給付報酬之義務。則依當事人間之特約以爲斷。前我國民律草案關於委任之規定。以不索報酬爲其特色。本法對於無償之點。則以爲非委任契約之要素。即當事人間有給與報酬之特約。即屬雙務契約。所應注意者。有償特約不以明示者爲限。報酬縱未約定。如依習慣或依委任事務之性質。應給與報酬者。受任人得請求報酬。（五四七條）惟何時得爲報酬之請求。則分下列二點說明之。

（一）委任關係完全終止時。卽委任關係終止及爲明確報告顚末後。受任人得請求給付報酬。但受任人應受報酬者其契約另有訂定時。自當從其特約。（參照五四八條一項）

（二）委任關係半途終止時。卽委任關係因非可歸責於受任人之事由於事務處理未完畢前已終止者。受任人得就其已處理之部分請求報酬。（五四八條二項）

第三節　委任之終止

委任契約。乃委託他人處理事務之契約。故委任事務處理完畢。其契約當然終止。然在另一方面言之。委任關係乃基於當事人間之信任。無論委任事務處理完畢與否。若互相信任關係已不存在。卽宜許其任意終止契約。故當事人之任何一方得隨時終止契約者。（五四九條一項）亦本此旨而爲規定。所謂告知終止者。是也。不過此種終止係權利行爲。（形成權）對於他方有無損害。原則上本可不顧。但當事人之一方。於不利於他方之時期而終止契約者。應負損害賠償責任。又因非可歸責該當事人之事由。致不得不終止契約者。雖於不利於他方之時期爲之。仍不負損害賠償責任。此均爲例外也。

又委任關係消滅之原因。據法文所明定者。尚有下列諸端。卽（一）當事人一方之死亡。（二）當事人一方之破產。（三）當事人一方之喪失行爲能力。（五五〇條前段）此皆基於信任關係之理由。信任關係消滅。而委任關係亦隨之而消滅也。然亦不無例外。析述如次。

第一、契約另有訂定或因委任事務之性質不能消滅者。（五五〇條但書）當事人一方死亡破產或喪失行爲能力。其委任關係固因之而消滅。但契約另有訂定。或其事務之性質。不能消滅者。若必令其消滅。則爲違反當事人之意思。且於當事人反爲不利耳。

第二、應繼續處理其事務時。　卽依前項情形。如委任關係之消滅。有害於委任人利益之虞時。受任人或其繼承人或其法定代理人。於委任人或其繼承人、或其法定代理人、能接受委任事務前。應繼續處理其事務。（五五一條）若突然停止事務之進行。足使委任人處於不利益之地位。則有背於一般誠信之方法矣。（二一九條參照）

第三、視爲存續者。　委任關係消滅之事由。係由當事人一方發生者。於他方知其事由、或可得而知其事由前。委任關係。視爲存續。（五五二條）爲保護他方之利益也。

第十二章　經理人及代辦商

經理人及代辦商。各國立法例。多於商法通則中規定。吾國商人通例。亦復相同。不過本法所謂代辦商前商人通例稱爲代理商而已。而本法因民商法合一之結果。故特設本章之規定。但經理人或代辦商與商號及本人間之契約關係如何。在日德民法之解釋。並不一致。日民認爲委任。德民認爲傭傭。本法旣於各個債之關係中。與僱傭承攬委任等分別規定。則自以獨立契約說爲當。不過委任契約爲一切處理他人事務契約之準則。除本章有特別規定外。應解爲準用委任之規定。茲就法文所明定者。分節說明如左。

第一節　經理人

第一、經理人之意義　經理人云者。謂有爲商號管理事務。及爲其簽名之權利之人也。（五五三條一項）茲析述之。

（甲）經理人者。爲商號管理事務之人也。　故商人之家務事項。而與該商號營業無關者。不屬經理人管理權範圍以內。

（乙）經理人者。爲商號管理事務而有權簽名之人也。故有管理事務之權、而無代爲簽名之權者。不得謂之經理人。但是否用經理人名義。則可不拘。卽凡事實上有代表商號爲簽名之權利者。應以經理人論。

第二、經理人之權限　茲分左列各點說明之。

（甲）經理權之發生。　經理權包含有管理事務及代爲簽名二種權利。但此種權利。係基於商號之授權行爲而發生。（與法定代理權不容混視）商號授權於數經理人時。數經理人卽各有經理權。第經理權授與之方法。明示或默示。均無不可。（五五三條二項）

（乙）經理權之效力。　卽經理權發生後。就其管理之事務上所生之各種效果。分解如下。

（一）對於第三人之關係。　卽經理人對於第三人之關係。就商號或其分號。或其事務之一部。視爲其有爲管理上一切必要行爲之權。（五五四條一項）蓋經理人對內既管理商號一切事務。對外自應代表商號。故對於第三人之關係。就其所管理者。視爲有爲管理上一切必要行爲之權限。

（二）對於訴訟上之行爲。 卽經理人就所任之事務。視爲有代表商號爲原告或被告或其他一切訴訟上行爲之權。（五五五條）明言之。卽經理人之代理權。不限於狹義的法律行爲。凡關於所任之事務。如有涉訟時。經理人均可代表商號而爲民事或刑事之訴訟行爲也。

（丙）經理權之限制。 試分析言之。

（一）商號事務之限制。 卽經理權得限於管理商號事務之一部。或商號之一分號或數分號。（五五三條三項）蓋經理人乃商號之使用人。其經理權得加限制。實商號主人應有之權能。使爲補助其商業。經理人自無反對之餘地。

（二）不動產之買賣或設定負擔之限制。 卽經理人除有書面之授權外。

對於不動產不得買賣或設定負擔（五五四條一項）此與概括委任限於不動產之出賣有別（五三五條參照）所謂設定負擔如設定抵押權等是。

（三）數經理人與簽名之關係。 卽商號授權於數經理人時經理人中有二人之簽名者。對於商號。卽生效力。（五五六條）此本互相箝制之意。對於各經理人之權限。加以限制也。因之數經理人爲代理行爲原則上須以全體之意思表示爲之。然今日商務發達。遇有應簽名之事項時。若須一一簽名。實際上則反爲不便。故定爲有二人之簽名者卽生效力。此其例外。

（四）經理權之限制與第三人之關係。 卽經理權之限制。除前三項所規定外。不得以之對抗善意第三人。（五五七條）換言之商號所加於經理人權限之限制。如爲第三人所明知或可得而知時。（卽屬惡意）第三人不得主張爲無效也。

第三、經理人之義務。 經理人或代辦商。非得商號之允許。不得爲自己或第三人經營與其所辦理之同類事業。亦不得爲同類事業公司之無限股東。（五六二條）此種規定非僅防經理人或代辦商與商號營同一事業。致生利害衝突。並恐其心有旁騖。不能竭力從事商號職務。故有禁止競業之必要。若違反此種規定之行爲時。其商號得請求因其行爲所得之利益。作爲損害賠償。（五六三條一項）蓋認商號對於經理人或代辦商所經營之事業或股分有奪取權（亦稱介入權）也。但此項請求權。若許商號隨時可以行使。則經過較長期間後。因該競爭行爲所起之糾紛愈多。計算其利益亦愈困難。故又定明其請求權。自商號知其違反行爲時起。經過一個月或自行爲時起。經過一年不行使而消滅。（五六三條二項）以示平允。

第四、經理人之終任。　委任關係因當事人一方之死亡破產或喪失能力而消滅。（五五〇條參照）然商業上之代理權。若因商號所有人死亡等情形而消滅。則於商業之敏捷安全。將有種種之障害。故本法特別規定經理權或代辦權。不因商號所有人死亡破產或喪失能力而消滅（五六四條）者意蓋此耳。

第二節　代辦商

第一、代辦商之意義。　代辦商者。謂非經理人而受商號之委託。於一定處所或一定區域內。以該商號之名義。辦理其事務之全部或一部之人也。（五五八條一項）析述如下。

（甲）代辦商者。非經理人也。　此爲消極之說明。蓋經理人乃商號之使用人。而代辦商則爲獨立之商人。

（乙）代辦商者。受商號之委託。於一定處所或一定區域內。辦理其事務也。委任關係。須受他方委託。始有委任之可言。故代辦商。須受商號之委託。自不待論。所謂處所或區域實屬範圍之大小。而無本質之差異。辦理事務。此代辦商應有之含義耳。

(丙)代辦商者。以該商號之名義。辦理其事務之全部或一部之人也。此爲代辦商之特質。即代辦商不得以自己之名義。辦理商號之事務。故商號所有人。對於代辦商稱本人。以視商號對於經理人稱主人者。顯有差別。辦理其事務之全部或一部。則隨商號自由之委託也。

第二、代辦商之權限。茲分代辦權之效力及限制兩點述之。

(甲)代辦權之效力。代辦商對於第三人之關係。就其所代辦之事務。視爲其有爲一切必要行爲之權。(五五八條二項)蓋代辦商與商號之關係。乃特別委任關係。其因處理委任事務。有爲一切必要行爲之權。(五三三條參照)此爲當然之事也。

(乙)代辦權之限制。代辦商除有書面之授權外。不得負擔票據上之義務。或爲消費貸借。或爲訴訟。(五五八條三項)此與經理人之權限。較爲狹小。訴訟又當然包括民事刑事而言。至何謂消費貸借。前已述及。何謂負擔票據上之義務。則讓諸票據法上說明之。

於此有不免疑問者。卽代辦權所加之限制。是否可以對抗善意第三人。前吾國商人通例。對於代理商（日本舊商法曰代辦商新商法曰代理商意義均同）分爲代理或介紹之行爲。卽代理商爲商人營業之代理或介紹之謂。而本法則不分代理與介紹。均定爲有爲一切必要行爲之權。然實際上商號委任代辦商。專爲介紹時。其限制是否可以類推五五七條之規定。從來學者主張積極說。余意亦同。

第三、代辦商之義務　其義務可分爲二。

（甲）競業禁止之義務。　其說明已詳前述經理人之義務中。玆不贅。惟日商對於代辦商。僅禁止其爲與本商號所辦理之同類行爲。及同種營業之無限責任股東。而對於經理人。則禁止其爲一切商行爲。及一切公司之無限責任股東。本法於此。不加區別。殊與實際情形不合。

（乙）報告之義務。代辦商就其代辦之事務。應隨時報告其處所或區域之商業狀況於其商號。並應將其所爲之交易卽時報告之。（五五九條）此爲商號欲明瞭其所指定之處所或區域辦理之商業狀況及所爲之交易起見。故令代辦商負擔此種報告之義務。

第四、代辦商之權利。代辦商得依契約所定請求報酬。或請求償還其費用。（五六〇條前段）以代辦商之性質上爲有償契約。故依約有請求報酬或請求償還費用之權利。惟報酬數額。有約定者依約定。無約定者依習慣。無約定亦無習慣者。依其代辦事務之重要程度及多寡。定其報酬。（同條後段）

第五、代辦契約之終止。依委任契約之原則。當事人之任何一方。得隨時終止契約。（五四九條參照）不問已否定有期限。幷無庸先期通知。而代辦契約則不然。卽代辦權已定期限者。因期限屆滿。當然終止。未定期限者。當事人之任何一方。得隨時終止契約。除有不得已之情形外。並應於三個月前。通知他方。所謂不得已之情形。即當事人之一方。因非可歸責於自己之事由致不得不終止契約者屬之。此時得不先期通知而逕爲終止。（五六一條）以求敏活。

至代辦權不因商號所有人之死亡破產或喪失能力而消滅。前已列舉。茲不贅述。

第十三章 居間

第一節 居間之意義

居間云者。謂當事人約定。一方爲他方報告訂約之機會。或爲訂約之媒介。他方給付報酬之契約也。（五六五條）其爲他方報告訂約之機會或媒介者。謂之居間人。他方謂之委託人。茲析述之。

第一、居間者。乃當事人之一方。約定爲他方報告訂約之機會、或爲訂約之媒介也。訂約之報告或媒介。其種類雖未明定。但須以關於委託人與第三人訂立契約之行爲爲限。故如婚姻行爲。事實上雖有媒介人存在。亦不認該媒介人與婚姻當事人之一造。爲有居間之效力。因之婚姻居間而約定報酬者。其約定無效。（五七三條）所以維持善良風俗也。（總則編七二條參照）報告凡以傳達雙方當事人之意思及指示訂約之行爲皆屬之。而媒介則爲周旋紹介之意。

第二、居間者乃他方約定給付報酬也。　此爲居間契約之特質。約予報酬。故與委任不同。居間人以契約因其報告或媒介而成立者爲限。得請求報酬。（五六八條一項）故必有勞務結果。始有報酬之可言。是又與僱傭不同。且已生勞務結果以後。居間人卽得據此結果而享權利。不負何種義務。故又與承攬不同。

第三、居間者契約也。　居間爲一種獨立契約。因當事人間約定而成立。故爲諾成契約。無須履行何種方式。故爲不要式契約。當事人之一方負報告或媒介之義務。一方負報酬之義務。故爲雙務契約。其報酬爲報告或媒介之對價。故又爲有償契約。

居間約與報酬。亦不限於明示。如依情形。非受報酬卽不爲報告訂約機會或媒介者。視爲允與報酬。（五六六條一項）

第二節　居間之效力

第一　居間人之義務。

（甲）據實報告之義務。　居間人關於訂約事項。就其所知。據實報告於當事人。對於顯無支付能力之人不得爲其媒介。（五六七條）履行債務。應依誠實及信用方法。此一般債之原則。（二一九條參照）故居間人爲報告或媒介時。應依此原則而爲給付。固無待論。惟無支付能力。並不以經濟的能力爲限。凡一切契約的能力。履行能力亦屬之。無訂立該約之能力。如知其爲限制能力人。未經法定代理人之允許。卽不得爲其介紹與人訂立契約是也。（總則編七九條參照）

（乙）不爲告知之義務。當事人之一方。指定居間人。不得以其姓名或商號告知相對人者。居間人有不告知之義務。（五七五條一項）蓋當事人既不願將自己之姓名或商號。告知相對人。則爲之居間者。自應爲之隱祕。以尊重該當事人之意思。由是知委託與第三人同時向居間人爲此項之指定時。居間人均應依其指定耳。

惟居間人既將當事人之姓名或商號。予以隱祕時。則該當事人有無履行契約之能力。非他方所得而知。且亦無從對之給付。是因此而反受不利。故又明定居間人不以當事人一方之姓名或商號告知相對人時。應就該方當事人由該契約所生之義務。自己負履行之責。並得爲其受領給付。（五七五條二項）以杜爭議。除此而外。居間人就其媒介所成立之契約。無爲當事人給付或受領給付之權。（五七四條）以其僅有居間關係。而無代理關係也。（故居間而兼有代理權者。當不在此限。）

第二、委託人之義務。

（甲）給付報酬之義務。 報酬乃居間人因報告或媒介而訂約之對價。故（一）居間人並未報告或媒介。（二）或雖報告媒介而契約並未成立。（三）或契約雖成立。並非由其報告或媒介。委託人皆可不予報酬。至報酬如未約定者。按照價目表給付之。無價目表者。按照習慣給付。（五六六條二項）契約附有停止條件者。於該條件成就前。居間人不得請求報酬。（五六八條二項）蓋附停止條件之契約。其契約雖已成立。然因契約所生之效力。在該條件成就前。尚未確定。不宜責委託人給付報酬。又居間人因媒介應得之報酬。除契約另有訂定或另有習慣外。由契約當事人雙方平均負擔。（五七〇條）委託人亦無單獨給付報酬之義務。此因雙方當事人平等受其利益。故此時居間人應得之報酬。應由雙方平均負擔也。

惟約定之報酬。較居間人所任勞務之價值。爲數過鉅。失其公平者。法院得依委託人之請求酌減之。（五七二條前段）以近年人口集中勞工問題日益複雜。居間人往往利用勞工智識之淺薄。吸取其過量之報酬。故此時委託人得向法院請求酌減。以昭公平。但報酬已給付者。不得請求返還。（同條後段）蓋在此種情形。可推定其係明知無給付義務而爲給付。本不得以不當得利爲理由而請求返還也。（一八〇條三項參照）

（乙）償還費用之義務。　在委任契約。受任人因處理事務支出必要之費用。由委任人償還。（五四六條參照）而居間以有償爲原則。與委任不同。則居間人因居間所支出之費用。以有約定者爲限。委任人始負償還義務。反之居間人支出之費用。非經約定。不得請求返還。（五六九條一項）又有謂如居間人已爲報告或媒介支出之費用。而契約不成立者。委託人應償還其費用。以免居間人反因而受損。但居間人係爲自己之利益。而爲報告或媒介。其契約雖不成立。究不能令委託人負擔償還。故本法又明定非經約定之費用。居間人不得請求返還之規定於居間人已為報告或媒介而契約不成立者適用之。（五六九條二項）所以杜無益之糾紛也。

據上說明委託人既有給付報酬及償還費用之義務。則在居間人方面言之。自有其請求報酬及償還費用之權利。但此項請求權。有時而不能行使者。卽居間人違反其對於委託人之義務。而為利於委託人之相對人之行為。或違反誠實及信用方法。由相對人受利益者。不得向委託人請求報酬及償還費用。（五七一條）蓋居間人既受委託人之委託。自當注意其利益。以履行債務。若為利於委託人之相對人之行為。且相對人因而受利益者。則與其應有之義務相去太遠。故應使不不得向委託人請求報酬及償還費用。以示限制。

第十四章 行紀

我國古時。有牙儈或駔儈之名稱。其義卽介紹互市之商人。如呂氏春秋稱段干木爲晉國大駔。新唐書稱安祿山爲互市牙郎。卽其明證。有明之制。凡貨物聚散之所。人民中富有資產者。官方給以官帖。使充牙行。客商販運貨物。歸其經紀。並抽收佣錢。及近世交易範圍廣大。遣派商夥至遠地收貨及銷貨。尤多不便。於是牙行之爲用。則愈見其利益。既得交易之敏活。復可利用其業務上之智識與經驗。以收偉大之效果。故前我國商行爲草案。特設牙行之規定。而本法所稱行紀。卽牙行經紀之縮文。名雖特創。意則相同。

第一節　行紀之意義

行紀云者。謂以自己之名義。爲他人之計算。爲動產之買賣。或其他商業上之交易。而受報酬之營業也。（五七六條）析述如左。

第一、行紀者。就他人之計算。以爲買賣也。　就他人之計算。卽其行爲所生之利益與損失。均歸屬於他人。但自己約定分配利益。則屬不妨。

第二、行紀者。以自己之名義。爲他人之計算。以爲買賣也。因其以自己之名義故與代理異。而爲間接代理之一種。然其行爲所生之權利義務。則對於相對人。自取得之。自負擔之。

第三、行紀者。以自己之名義。爲他人之計算。以爲動產之買賣。或其他商業上之交易也。則不動產之買賣。或其他非商業上之交易。均非行紀。動產包括有價證券。然不認準行紀之名詞。

第四、行紀者。以爲他人計算之交易。而受報酬之營業也。故非營業。不爲行紀。但兼營他業。則屬不妨。委託人是否商人。亦非所問。

第二節　行紀與相對人之關係

行紀受委託人之委託。所爲之交易。既以自己之名義爲之。則不啻爲買賣行爲之當事人。其與相對人之關係。與普通買賣中買受人與出賣人間之關係。初無所異。則本法五七八條之規定行紀人對相對人自得權利。自負義務。固事理之當然。因之委託人直接對於相對人既毫不負義務。亦毫不享權利。而行紀人所負之義務得請求委託人代爲清償（五四六條參照）取得之權利。應移轉於委託人也。（五四一條參照）

第三節　行紀與委託人之關係

行紀與委託人之法律關係。學者間有謂爲僱傭者。有謂爲承攬者。有謂爲獨立契約者。然本法既有行紀。除本節有規定外。適用關於委任之規定之明文。則行紀與委託人之關係。性質上當然屬於委任契約也。茲就本節中所有之特別規定。說明如左。

第一款　行紀人之義務

第一、直接履行契約之義務。卽行紀人爲委託人之計算所訂立之契約。其契約之他方當事人不履行債務時。對於委託人應由行紀人負直接履行契約之義務。（五七九條前段）行紀人爲委託人所訂立之契約。卽係爲委託人處理事務。而其行爲所生之關係。既對相對人取得權利。則其契約之他方不履行債務時。則應自己負責向委託人直接履行。以保護委託人之利益。但契約另有訂定或另有習慣者。不在此限。（同條但書）

第二、視爲自己負擔之義務。　卽行紀人得自爲買受人或出賣人時。如僅將訂契約之情事。通知委託人而不以他方當事人之姓名告知者。視爲自己負擔該方當事人之義務。（五八八條）蓋行紀人。如不告知他方當事人之姓名。委託人卽無從對之請求履行。故應由行紀人自負責任。以杜爭執。

第三、遵照指定價額之義務。　委託人委託行紀人而爲買賣行爲。往往有指定其價額者。其被指定時。當然不能超過其所指定者而爲之。違反委託人之眞意。故違其指定。除行紀人擔任補償其差額。對於委託人始生效力外。如有利益並應歸於委託人。茲就此二點。分項說明如下。

（甲）行紀人以低於委託人所指定之價額賣出。或以高於委託人所指定之價額買入者。如擔任補償其差額。其賣出或買入。對於委託人發生效力。（五八〇條）反之行紀人違其指定而爲高價買入或低價賣出者。未擔任補償其差額。其買入或賣出。直爲自己之買賣。其效力不及於委託人。

（乙）行紀人以高於委託人所指定之價額賣出。或以低於委託人所指定之價額買入者。其利益均歸於委託人。（五八一條）蓋謀委託人之利益以求適合於處理他人事務之原則也。

第四、出賣物處置之義務　委託出賣之物。於達到行紀人時。有瑕疵或依其物之性質易於敗壞者。行紀人爲保護委託人之利益。應與保護自己之利益爲同一之注意。（五八四條）否則即屬違反義務。對於委託人自應負損害賠償責任。所謂應與保護自己之利益爲同一之注意者。則應依客觀的一般情形決之。不可作處理自己之事務爲同一之注意之解釋也。

惟行紀人關於占有之物。除委託人另有指示外。行紀人不負付保險之義務。（五八三條二項）卽行紀人爲委託人之計算所買入或賣出之物。爲其佔有時。一方適用寄託之規定。（五八三條一項）一方原負付保險之義務。但非委託人另有指示交付保險之義務。行紀人固不負此責任。所謂適用寄託之規定。則舉左列各點以明之。

（一）應以善良管理人之注意。（五九〇條）

（二）原則上不得自己使用或使第三人使用占有物。（五九一條）

（三）原則上不得使第三人代爲保管。（五九二條）

（四）保管之方法經約定者。行紀人不得變更之。（五九四條）

第二款　行紀人之權利

第一、請求報酬及費用之權利。　卽行紀人得依約定或習慣。請求報酬寄存費、及運送費、並得請求償還其爲委託人之利益而支出之費用及其利息。（五八二條）此適用委任之規定。當然之結果也。

第二、拍賣所買之物及出賣物之權利。

（甲）拍賣所買之物。　委託人拒絕受領行紀人依其指示所買之物時。行紀人得定相當期限。催告委託人受領。逾期不受領者。行紀人得拍賣其物。以盡保護之能事。故行紀人於此際。

（一）得就其對於委託人因委託關係所生債權之數額於拍賣價金中取償之。

（二）如有賸餘。並得提存。（五八五條一項）

（三）如爲易於敗壞之物。行紀人得不爲前項之催告。（同條二項）而逕行拍賣。

（乙）拍賣出賣物。　委託人委託出賣之物。行紀人當然應負出賣之義務。而無權利之可言。然其委託之物不能出賣。或委託人撤回其出賣之委託者。如委託人不於相當期間取回或處分其物時。其辦法如何。當事人間易起糾紛。故許行紀人於催告後得爲拍賣。如爲易於敗壞之物。並得逕行拍賣也（五八六條）

第三、介入權。　行紀人受託出賣或買入貨幣、股票、或其他市場定有市價之物者。除有反對之約定外。行紀人得自爲買受人或出賣人。（五八七條前段）此之謂行紀之介入權。其應注意之點如左。

（甲）買賣之標的物。限於貨幣、股票、或其他市場定有市價者。蓋既定有市價則利害不至衝突。可望公平。

（乙）委託人未爲禁止介入之特約。蓋行紀人於原則上雖有介入權。然無關公益。並非與强行法規可比。故委託人以特約禁止介入。自應認爲有效。至其價値。則應依委託人指示而爲出賣或買入時市場之市價定之。（五八七條一項後段）以期公平而免流弊。又行紀人介入之行爲。亦不外履行委託之方法。故前項情形。行紀人仍得行使第五百八十二條所定報酬及費用之請求權。（五八七條二項）

第十五章　寄託

第一節　寄託之意義

寄託云者。謂當事人一方以物交付他方。他方允爲保管之契約也。（五八九條一項）物之交付者。謂之寄託人。允爲保管者。謂之受寄人。析述如左

第一、寄託者當事人之一方以物交付他方。他方允爲保管也。寄託之標的。有以動產爲限者。（德民六八八條）而本法則無論動產不動產。皆可包括之。但須以交付爲必要。其由寄託人交付。或由第三人代爲交付。則非所問。又交付亦不限於物之現實移轉行爲。如受寄人先已占有其物時。所謂簡易交付。（物權編七

六一條一項但書參照）仍可解爲有寄託契約之成立。

保管卽保存管理之謂。寄託契約之特質。卽在受寄人專負保管義務之一點。保管行爲以外。雖有他種非保管之事項併存者。（五九一條參照）然其併存之事項。並非寄託契約之主要效力。故與其他契約中。以他種主要義務而生之保管義務者。則不得謂爲寄託契約。如使用借貸。借用人保管借用物（四六八條參照）是。不過非關於寄託之保管義務。有時應類推適用寄託之規定而已。（如受僱人因保管僱用人之物。支出必要費用或受有損害者。應類推適用五九五條五九六條之規定是。）

第二、寄託者契約也。 寄託關係之成立。由寄託人與受託人間之契約。（一）此種契約。無須履行一定之方式。故爲不要式契約。（二）惟寄託人須將保管標的物交付受託人。其契約乃能成立。故爲要物契約。（三）又其原則屬無償契約。但當事人特約有償。亦屬無妨。（四）原則屬無償。宜屬片務契約。然特約有償時。則屬雙務契約。

第三、寄託當事人得以特約報酬。寄託雖以無償爲原則。然當事人不妨特約報酬。惟約予報酬。亦不限於明示。苟有非受報酬卽不爲保管之情形。受寄人卽得請求報酬。反之受寄人除契約另有訂定。或依情形非受報酬卽不爲保管者。不得請求報酬也。（五八九條二項）

第二節　寄託之效力

第一、受寄人之義務　分左列三項述之。

（甲）保管寄託物之義務。　保管義務。爲受寄人之主要義務。故應注意左列各點。

（子）保管應有之注意。　受寄人保管寄託物。應與自己事務爲同一之注意。其受有報酬者。應以善良管理人之注意爲之。（五九〇條）前者謂之具體的注意。其責任較輕。後者謂之抽象的注意。其責任較重。

（丑）寄託物之使用。　受寄人非經寄託人之同意。不得自己使用或使第三人使用寄託物。（五九一條一項）蓋受寄人既負保管義務。苟使用之。必有損耗。卽有違寄託本旨。若受寄人違反此項義務。對於寄託人應給付相當報償。如有損害。並應賠償。但能證明縱不使用寄託物。仍不免發生損害者。不在此限。（同條二項）

（寅）保管之方法。　關於保管方法。應依左列說明。

（A）寄託物保管之方法。經約定者。非有急迫之情事。並可推定寄託人若知有此情事亦允許變更其約定方法時。受寄人不得變更之。（五九四條）然何者爲有急切情事。乃事實問題。應依當時客觀情形定之。

（B）受寄人應自己保管寄託物。但經寄託人之同意。或另有習慣。或有不得已之事由者。得使第三人代爲保管。（五九二條）因之受寄人違反此種規定使第三人代爲保管寄託物者。對於寄託物因此所受之損害。應負賠償責任。（五九三條一項前段）蓋受寄人經寄託人之同意。或因習慣。或有不得已之事由。使第三人代爲保管者。始爲適法。否則卽屬違法。自應負直接原因發生之損害賠償責任。但受寄人能證明縱不使第三人代管。仍不免發生損害者。則可免此責任。（同條一項但書）

（C）受寄人經寄託人之同意或習慣或有不得已之事由。使第三人代爲保管者。僅就第三人之選任及其對於第三人所爲之指示負其責任。（五九三條二項）以此種情形。受寄人既無違反義務之情事。則應專就第三人之選任及爲保管之指示有過失時。負其責任耳。

（乙）返還寄託物及孳息之義務。 寄託物之孳息。無論其爲天然的、或法定的、（總則編六九條參照）均屬寄託人之所有。故受寄人返還寄託物時。應將該物孳息。一併返還。（五九九條）以貫澈保護寄託人利益之目的。從可知寄託物之返還。尤爲受寄人應有之義務。毋待說明。茲將返還之期限及返還之地點述之如左。

（子）返還之期限。　又因有無約定而殊。

（A）已約定返還期限者。　受寄人須如期負保管義務。非有不得已之事由。不得於期限屆滿前返還寄託物。（五九八條二項）惟寄託人則得隨時請求返還。（五九七條）不必強使寄託。蓋寄託契約之締結。不問其爲有償或無償。均係基於寄託人之利益也。

（B）未約定返還期限者。　未約定返還期限者。受寄人得隨時請求返還寄託物。（五九八條一項）此又當然之理。自無疑義。

（丑）返還之地點。　寄託物之返還地已經約定者。固應從其約定。如未約定。則應依左列二點所述。

（A）物之保管地。　卽寄託物之返還於該物應爲保管之地行之。（六

○條一項）但保管地不定者。則應依三一四條一般之原則。於訂約時物之所在地而爲返還。

（B）物之現在地。卽受寄人依法得使第三人保管或依法得變更保管地之情形。將寄託物轉置他處者。得於物之現在地返還之。（六〇〇條二項）蓋物之轉置。旣基於正當理由。自無仍責就原處返還之理。

（丙）消費寄託之返還義務。消費寄託。或稱不規則寄託。蓋就寄託本質言。受寄人須將原物返還。不得將寄託物消費。然寄託物爲代替物時。如約定寄託物之所有權移轉於受寄人。並使受寄人以種類品質數量相同之物返還者。則受寄人卽得消費之。故此種情形。自受寄人受領該物時起。適用關於消費借貸之規定。（六〇二條）

寄託物爲金錢時。推定受寄人無返還原物之義務。但須返還同一數額（六〇三條一項）茲就此而述其特則於左。

（子）受寄人依前項規定。僅須返還同一數額者。寄託物之利益及危險。於該物交付時。移轉於受寄人。（六〇三條二項）

（丑）前項情形。如寄託物之返還。定有期限者、寄託人非有不得已之事由。不得於期限屆滿前。請求返還。（六〇三條三項）

考日德之立法例。於金錢之消費寄託。與其代替物之消費寄託。不爲區別。與本法分別規定不同。但應注意者。卽在本法。不過可解爲金錢寄託。除有反對之表示外。原則上受消費寄託之規定。其他代替物之寄託。非明示其爲消費寄託。仍適用寄託之規定而已。決非可以拘泥文字。謂金錢之消費寄託。除不必返還原物及移轉利益危險。並不適用五九七條。而限以不得已之事由外。應適用寄託之規定。其他代替物之消費寄託。始一切適用消費借貸之規定也。至立法上是否有商酌餘地。則屬別一問題。姑不具論。

又消費寄託物之返還時期。原則上應適用第四七八條。當事人間未經約定。

受寄人得隨時返還。但寄託人須定一個月以上之期限。爲催告請求返還。其有約定者。受寄人須如期返還。寄託人非有不得已之事由。不得於期限屆滿前。請求返還。是否合於實際之情形。亦非毫無疑義也。

以上言受寄人返還寄託物之義務。其義務應向寄託人爲之。然寄託人不必卽爲寄託物之眞正權利人。蓋寄託契約之締結。以寄託物之交付爲必要。其交付前。有占有之事實爲已足。有無占有之正當權限。則非必要。從而第三人對於寄託物主張權利者。實爲常見之事。則此際受寄人之返還。應向何人爲之。頗有疑問。而本法則明白規定。第三人就寄託物主張權利者。除對於受寄人提起訴訟或爲扣押外。受寄人仍有返還寄託物於寄託人之義務。（六〇四條一項）以受寄人之返還義務。乃對特定人之債務。故除該主張權利之人。業經起訴或爲扣押者外。受寄人不得藉口第三人之主張權利。而拒絕寄託物之返還也。又第三人提起訴訟或爲扣押時。受寄人應卽通知寄託人（同條一項）使其便於參加訴訟。或對扣押提起異議之機會耳。

第二、寄託人之義務。　亦分左列三項。

（甲）償還費用之義務。　受寄人因保管寄託物而支出之必要費用。寄託人應償還之。但契約另有訂定者。依其訂定。（五九五條）不過此之所謂費用。不專以受寄人因保管已墊付者爲限。卽受寄人因保管所負之債務。亦包括在內。

（乙）賠償損害之義務。　受寄人因寄託物之性質或瑕疵所受之損害。寄託人應負賠償責任。（五九六條）但有左列例外。

（子）寄託人於寄託時。非因過失而不知寄託物有發生危險之性質或瑕疵者。則不任賠償。

（丑）寄託物有發生危險之性質或瑕疵。於寄託時爲受寄人所已知者。亦不任賠償。

（丙）給付報酬之義務。寄託契約。在原則上雖屬無償。然約定報酬者。則（一）寄託人應於寄託關係終止時給付之。（二）分期定報酬者。應於每期屆滿時給付之。（三）寄託物之保管非可歸責於受寄人之事由而終止者。除契約另有訂定外。受寄人得就其已爲保管之部分請求報酬（六〇一條）

關於寄託契約之報酬請求權。費用償還請求權。損害賠償請求權。自寄託關係終止時起一年間不行使而消滅。（六〇五條）此爲特別消滅時效之規定（總則編一二五條但書參照）但所謂一年間不行使而消滅。並非以一年爲限。其有中斷或不完成之情形。則其時效亦屬當然中斷或不完成也。（總則編一二九條及一三九條以下參照）至寄託關係終止。則另立一節以說明之。

本法於一般寄託規定完畢後。將旅店飲食店等主人之責任。亦一併訂入。俾資適用。然其內容極爲複雜。含有租賃、買賣、僱傭、寄託等關係在內。茲之所訂。特就關於寄託關係之部分而設爲特則耳。本講義爲便於讀者易於記憶起見。故依條文於說明一般寄託後。就旅店等主人與客人關於寄託之特則而加以講述。

第一 旅店飲食店等主人之責任。 分述如下。

（甲）應負責任之事由。 可分左列二點。

（子）旅店或其他以供客人住宿爲目的之場所。主人對於客人所攜帶物品之毀損喪失。應負責任。其毀損喪失縱由第三人所致者亦同。（六〇六條一項）

（丑）飲食店浴堂之主人。對於客人所攜帶通常物品之毀損喪失。負其責任。（六〇七條前段）

前二項規定之旨趣。大略相同。蓋旅店等爲多數人集合之所。維持場內秩序。乃旅店等主人當然之職責。保護客人物品之安全。卽所以增益主人之信用。故在一般寄託。以物之交付保管爲必要。而此種寄託關係。除金錢有價證劵等外。則不以物之交付保管爲必要。僅有攜帶於其場所之行爲爲已足。其有毀損或喪失。主人固應負責。卽由第三人而致該物之毀損或喪失者。主人亦應負責任。（飲食店浴堂主人於此無明文規定。解釋上亦應如此）不過一則爲旅店或其他以供客人住宿爲目的之場所主人。一則爲飲食店浴堂之主人。一則包括任何物品。一則限於通常物品耳。但此種責任有左列例外。（六〇六條二項及六〇七條後段）

（一）因不可抗力而致該項物品之毀損喪失者。主人不負責任。

（二）因其物之性質而致毀損喪失者。主人亦不負責任。

（三）因客人自己或其伴侶隨從或來賓之故意或過失而致該物品之毀損喪失者。主人不負責任。

（四）客人之金錢、有價證劵、珠寶或其他貴重物品、非經報明其物之性質及數量、交付保管者。主人不負責任。（六〇八條）故必（A）爲金錢有價證券等之物品。（B）已報明其物之性質及數量。（C）交付保管後而有毀損喪失者。主人始有責任之可言。但左列二端亦爲例外應行注意之點。（六〇八條二項）即

（1）主人無正當理由拒絕爲客人保管前項物品者。對於其毀損喪失應負責任。

（2）主人收受前項物品後。其物品因主人或其僱用人之故意或過失而致毀損喪失者。主人亦應負責任是也。

（乙）免責之無效。前述旅店等主人之責任。實有關公共之利益。爲當然寄託關係應負注意之義務。故以揭示限制或免除前三條（六〇六條六〇七條六〇八條）所定主人之責任者。其揭示無效。（六〇九條）蓋法律所以課旅店等主人以重責之旨趣耳。

（丙）責任之消滅　旅店等主人之責任。因左列原因而消滅。

(子)客人知其物品毀損喪失後。應卽通知主人。怠於通知者。喪失其損害賠償請求權。(六一〇條)蓋客人攜至場所之物品。旣未交付保管。故有毀喪之事。應卽時通知主人。俾資救濟。若怠於卽時通知者。其損害賠償之請求權。自應喪失。而主人之責任。亦隨之而消滅耳。

(丑)依第六百零六條至第六百零八條之規定所生之損害賠償請求權。自發覺或毀損之時起。六個月間不行使而消滅。自客人離去場所後。經過六個月者亦同。(六一一條)以客人此項之損害賠償請求權。若不從速行使。於商事迅速之旨。甚相背謬。故認六個月短期時效之理由。客人之請求權若經消滅。則主人之責任。亦自歸消滅也。

第二　旅店飲食店等主人之權利。　客人所攜至場所之物品。雖未交付於主人。仍負保管之全責。關於客人之保護。厚則厚矣。而主人之利益。亦宜顧及。庶不失持平之道。故本法明定主人就住宿或墊款所生之債權。於未受淸償前。對於客人所攜帶之行李及其他物品。有留置權。（六一二條）卽所以保護主人之利益。

第三節　寄託之終止

寄託定有期限者。期滿當然終止。此外因返還寄託物、或請求返還以及寄託物之滅失或解除條件之成就。亦爲終止之原因。惟當事人死亡寄託關係不必因而終止。蓋寄託以物之保管爲目的。當事人間權責關係。非必如委任關係之有專屬性也。

第十六章　倉庫

第一節　倉庫營業人之意義

倉庫營業人者謂以受報酬而爲他人堆藏及保管物品爲營業之人也。（六一三條）析述如左。

第一、倉庫營業者。爲他人堆藏及保管物品也。　物品之堆藏及保管。乃倉庫營業者之責任。並無處分其物品之權利。雖有時應寄託者之命。爲之售賣。其物品亦係基於附帶之契約。而非倉庫營業之當然的作用。又堆藏及保管。須於一定處所（卽倉庫）及代他人（卽寄託人）爲之。若僅貸與一定之處所。而使其自爲堆藏保管者。則屬租賃業之一種。而非此之所謂倉庫營業。但所謂一定之處所。非必指有特定倉庫之形式者而言。凡足以堆藏物品而供保管之用者皆是。其爲倉庫營業人所自有或租賃或借貸他人者。均非所問。至堆藏之物品。則以動產爲限。其容積之大小。分量之輕重。價格之高低。亦非所問。凡適於堆藏者均無不可。

第二、倉庫營業者。以受報酬而爲他人堆藏及保管物品也。　卽屬有償契約之一種。若無償爲他人堆藏保管。雖無妨其爲寄託。然決不能適用倉庫之規定。但倉庫契約。除倉庫營業人之塡發倉單。爲屬要式行爲（六一六參照）外。不必履行何種方式。爲不要式契約。惟旣以物之交付爲要件。則又屬要物契約。第三、倉庫營業者。以代他人物品之堆藏保管爲營業也。若不以之爲營業。如運送人、行紀人、有時爲委託人保管物品者。則不得以倉庫營業論。但兼營倉庫業。又屬不妨。又倉庫營業。在法意等國之法律。非經允許。或非備一定之條件。不得爲之。日德則認爲自由營業主義。本法蓋從日德之立法例也。

第二節　倉單

倉單亦稱倉庫證券。易言之。卽爲受寄物之收據。由倉庫營業人塡發。爲要式的有價證券也。惟各國法制。關於倉單所採之主義不盡相同。有採單券主義者。（如英德等）有採複券主義者。（如法意等）有採單複券併行主義者。（如日本）僅發行一張倉單。以供處分之用。謂之單券主義。須同時發行兩張倉單。一爲存貨證。以供轉讓之用。一爲質證。以供出質之用。謂之複券主義。單券及複券由寄託人擇一以請求者。謂之單複劵併行主義。前我國商行爲草案從之。而本法則採單劵主義也。

單劵主義與複劵主義之優劣若何。學說上頗有爭論。主張複劵主義者。其理由（一）得先出質而後轉讓。卽得先由質證出質籌款。以應急需。然後徐待機緣以存貨證善價出售。故出質與轉讓得並行不悖。而單劵則否。（二）複劵可分別流通。於社會經濟。殊多便利。而單劵則否。至主張單劵主義者。其理由（一）複劵雖得先質後賣。然既經出質。則不易出售。故二劵亦如一劵。（二）質證之出質易暴露商人之祕密。且二劵分別流通。各所持人均抱不安之念。究不若單劵之安全簡便要之。此二種主義。孰優孰劣。殊難臆斷。應視國家金融發達之程度而斟酌採用之耳。玆將倉單之各種規定。述之於左。

第一、倉單之方式。　倉單應紀載左列事項。並由倉庫營業人簽名。（六一六條）

（一）寄託人之姓名及住址。

(二)保管之場所。

(三)受寄物之種類、品質、數量及其包皮之種類、個數及記數。

(四)倉單之塡發地及塡發之年月日。

(五)定有保管期限者。其期限。

(六)保管費。

(七)受寄物已付保險者。其保險金額、保險期間、及保險之名號。

倉庫營業人應將前列各款事項記載於倉單簿之存根。

倉庫爲要式的有價證券。前既言之。故須具備法定記載之事項。方能生效。記載寄託者之姓名。雖爲記名式之證券。而性質上當然得依背書而讓與或出質。自不待言。又恐將來有再行塡發倉單之事。故倉庫營業人。應將倉單應載之事項。記入存根。例如倉單因事變滅失時。即有再請塡發倉單之必要。不過寄託人應先供與擔保或依公示催告程序爲除權判決。以免倉庫營業人負二重義務耳。

第二、倉單之填發。倉庫營業人。有因寄託人之請求而填發倉單者。有因倉單持有人之請求而填發倉單者。分述如下。

（甲）倉庫營業人因寄託人之請求。應由倉單簿填發倉單。（六一五條）寄託人於物品交付後。欲自行處分之。非持有倉單不可。故爲保護寄託人之利益。認寄託人有請求倉庫營業人填發倉單之權利。因之在解釋上寄託人持有倉單後。交付倉單於他人。與交付寄託物有同一之效力。（日商於此、設有詳細規定、前我國商草、亦有明文本法無之。）

（乙）倉單持有人得請求倉庫營業人。將寄託物分割爲數部分。並填發各該部分之倉單。但持有人。應將原倉單交還。（六一七條一項）倉單之作用既在使寄託物容易處分。則將倉單上所載之物品分別處分。亦事所恆有。故又許倉單持有人。有請求分割一倉單爲數倉單之權利。但持有人應將原倉單交還作廢。以免同一物品有二重倉單。致倉庫營業人有二重負擔之危險。又分割倉單。乃完全基於倉單持有人之便利。故分割及塡發新倉單之費用。由持有人負擔。（六一七條二項）以昭平允。

第三、倉單之流通。　倉單得依背書而讓與出質。已如前述。所謂背書者。卽記載背書人之姓名。是但倉單所載之貨物。欲移轉其所有權。則須倉庫營業人簽名。始能生效。此爲本法特異之點。減少倉單之流通性頗多。而在他國法例。倉單之流通。僅依背書而生效力。無須倉庫營業人之簽名。則本法六一八條規定倉單所載之貨物。非由貨物所有人。於倉單背書並經倉庫營業人簽名。不生所有權移轉之效力者。其利弊若何。是待商事上之慣例。以爲證明耳。

第三節　倉庫營業人之權利義務

倉庫之法律關係。實爲寄託關係。故倉庫除本章有規定外。準用關於寄託之規定。(六一四條)茲就本章內所規定倉庫營業人與寄託人間之權利義務。分別述明如左。

第一、倉庫營業人之義務。

(甲)塡發倉單之義務。　卽因寄託人或倉單持有人之請求。倉庫營業人。應塡發倉單。其說明見前。茲不再贅

(乙)寄託物移去之限制。　倉庫營業人於約定保管期間屆滿前不得請求移去寄託物。(六一九條一項)在寄託契約定有返還期限者。受寄人非有不得已之事由。不得於期限屆滿前返還寄託物。(五九八條二項參照)反之如有不得已之事由。得於期前返還。自不待論。但倉庫營業人。如有不得已之事由時。可否於約定保管期限屆滿前。請求移去寄託物。有謂本項乃五九八條二項之特別規定。故不認倉庫營業人於期前而爲返還者。有謂法律貴在合於實際。應許其提前返還者。例如堆藏寄託人之土地被公用徵收。或倉

庫營業人破產等情形。此兩說比較。余從後說。

前項說明。於約定保管期間者通用之。未約定保管期間者。依寄託之例言之。受寄人得隨時返還寄託物。然倉庫營業人。既以保管他人之寄託物爲業。於相當期限內自當强令負保管義務。若許其得隨時終止保管。則於寄託人或倉單持有人。大有不利。故六一九條二項。又定明未約定保管期間者。自爲保管時起。經過六個月。倉庫營業人。得隨時請求移去寄託物。但應一個月前通知。皆所以保護寄託人或倉單持有人之利益也。

（丙）許爲檢點或摘取樣本之義務。 倉庫營業人。因寄託人或庫單持有人之請求。應許其檢點寄託物或摘取樣本。（六二〇條）蓋寄託物既經堆藏。其有無毀損滅失。及其他減少價格之虞。自爲寄託人或倉單持有人所注意。故倉庫營業人。負有許其檢點之義務。又因展轉讓與。須先考驗該物品之樣本時。亦應隨時許其摘取樣本。不得藉詞拒絕也。

第二、倉庫營業人之權利。

（甲）報酬之請求權。　在寄託契約有有償者。有無償者。而倉庫契約既明定倉庫營業人以受報酬而爲他人堆藏及保管物品。則倉庫營業人自有一定的請求報酬之權利也。

（乙）拍賣寄託物之權利。　倉庫契約終止後。寄託人或倉單持有人拒絕或不能移去寄託物者。倉庫營業人得定相當期限。請求於期限內移去寄託物。逾期不移去者。倉庫營業人得拍賣寄託物。由拍賣代價中扣去拍賣費用及保管費用。並應以餘額交付於應得之人。（六二一條）蓋寄託人或倉單持有人拒絕或不能移去寄託物者。卽屬受領遲延。（二三四條二三五條參照）依一般債之原則。債務人本得將給付物爲之提存。其不適於提存者。則聲請法院拍賣。而提存價金。（三二六條三三一條參照）而此則特許倉庫營業人爲催告後。得逕行拍賣。幷扣除拍賣費用及保管費用。此本諸商專貴平簡易迅速之趣旨。所謂倉庫契約終者止。如因保管期限屆滿。解除條件成就。或終止之告知等皆是。至交付餘額於應得之人。即先交倉單持有人。再有餘額。應交寄託人耳。

第十七章 運送營業

第一節 通則

運送營業。得分爲物品運送。旅客運送。及通信運送三種。而運送方法。爲陸上抑爲海上。皆所不問。惟通信運送。屬諸官營。而海上運送。又另有海商法之特別規定。故本法所規定者。僅爲陸上及內國水上之物品運送。暨旅客運送二種。又本法之立法例。既各別分立。物品運送與旅客運送外。又另置通則以規定運送人之意義。及關於因運送所生請求權之時效期間。本講義亦按照法定。依次釋明。

第一、運送人之意義。 運送人者。謂以運送物品或旅客爲營業。而受運費之人也。

（六二二條）析述之於下。

（甲）運送人者。運送物品或旅客也。　運送以其目的之不同。故有物品運送與旅客運送之分。所謂物品包括動產及其他可供運送之物而言。其是否爲商品及是否有財產上之價格。皆非所問。惟必限於有體物。故電報電話之通信。均非運送。但書信亦爲有體物。傳遞書信。理論上雖可謂之運送。然以國家專營之故。應從物品運送中。予以除外。所謂旅客。卽被運送之自然人。旅客固多爲運送人之相對人。卽運送委託者。然有時不爲委託者。而僅爲運送之目的。亦無妨也。

乙）運送人者。以運送物品或旅客爲營業也。　故不以運送爲營業。則非法律上之運送。所謂運送卽自某處移至某處之動作之謂。但起點至終點。不必爲異地。卽同一市鄉內之移轉。亦不失爲運送之方法。運送具之種類及運送之動力如何。皆無限制。

（丙）運送人者。以受運費而爲運送物品或旅客爲營業也。　故不受運費事實上受人之囑託。而爲物品之移轉。或爲舟車上維持治安之軍警。解送郵件之郵務員。及跟隨舟車之小販等。皆不得謂之爲法律上之運送。

（丁）運送契約之性質。　運送契約之性質。有認爲僱傭契約者。有認爲寄託契約者。又有認爲承攬契約者。然本法既以之爲獨立章節。明白規定。自應認爲特別契約。毫無疑義。在契約種類中。其契約多因當事人兩方約定而成立。擔任運送之法律行爲。其運送契約。卽因之成立。故爲諾成契約。又不必履行何種方式。故爲不要式契約。雖有運單提單之塡發。然並非契約成立時之要件。運送人有保管物品之義務。託運人有支付運費之義務。故爲雙務契約。以受運費爲要件。故又爲有償契約。

（戊）運送契約之當事人。　其當事人有四。卽運送人、託運人、受貨人、及旅客、是已。茲列舉如左。

（1）運送人。前已說明、茲不贅。

（2）託運人。卽用自己名義而委託運送人運送物品之人。質言之卽爲運送人之相對人也。但運送物品之所有權。不必屬諸託運人本人。亦不必以自己之計算而爲委託也。

（3）受貨人。此爲物品運送契約與旅客運送契約重大之差異。蓋物品運送。常有三面關係。受貨人卽運送目的地應領受運送物品之人也。受貨人。雖非運送契約之原當事人。然依法律規定及解釋。亦有運送契約上之權利義務。自屬運送關係上之重要當事人也。

（4）旅客。亦見前說明、茲不贅。

第二、請求權之時效。關於物品或旅客之運送。如因喪失損傷或遲延而生之賠償請求權。自運送終了或應終了之時起。二年間不行使而消滅（六二三條）此爲短期時效之規定。所謂喪失損傷或遲延。卽指運送物之喪失毀損或遲到。

及旅客因運送所受之傷害或運送之遲延而言。如運送物已到達目的地。並經運送人交付後。其運送當然終了。卽運送人於運送物到達目的地經運送人通知受貨人。而受貨人所在不明。或拒絕受領運送物。致運送人以運送物寄存於倉庫時。其運送亦爲終了。又提單持有人。對於運送人。請求中止運送時。則運送人雖欲到達目的地。亦事所不能。其運送則應解爲應當終了。至旅客如到達目的地。其運送亦當然終了。如因傷害或疾病。須中途就醫。而不能進行時。則又爲運送應終了之情形耳。但運送人、託運人、或受貨人死亡。其運送不必終了。若旅客死亡。事實上則爲運送之終了也。

第二節　物品運送

第一款　託運單

第一、託運單之交付。託運人與運送人締結運送契約時。爲使受貨人知悉契約內容起見。大抵作成書面。紀載其主要事項。此種書面。卽謂之託運單。託運單概由託運人作成。交付運送人。更由運送人將該單與運送品一併送至到達地。而同時交付於受貨人。受貨人接受該單後。卽可按其記載之貨物。審查無誤而後受取之。此爲普通之習慣。故託運人因運送人之請求。應塡給託運單。（六二四條一項）此託運人之義務也。

第二、託運單之性質。　託運單之性質。法律雖無明文規定。然託運單之塡給。旣爲運送契約成立後之行爲。又因運送人之請求而作成交付。（卽非運送契約成立時之要件。）則僅爲關於運送之一種證據方法。並非有價證券。亦非運送契約書。其意義至爲明顯耳。

第三、託運單之記載。　託運單應記載左列事項。並由託運人簽名。（六二四條二項）

（一）託運人之姓名及住址。

(二)運送物之種類品質數量及其包皮之種類個數及記號。
(三)目的地。
(四)受貨人之名號及住址。
(五)託運單之塡給地及塡給之年月日。

託運單所記載之事項。自應正確完備。故法律明定。以資適用。但除上列五款應行記載外。當事人間如認爲有重要之事項。亦未嘗不可以記入也。

第二款　提單

第一、提單之交付。　提單云者。卽運送人所交與託運人之運送物品收據。而同時用以處分運送物品之證券也。故運送人因託運人之請求。應塡發提單（六二五條一項）此運送人之義務也。

第二、提單之特質。　提單爲一種有價證券。其特質如左。

(一)提單爲文義證券。　提單塡發後。運送人與提單持有人間。關於運送事項。依其提單之記載（六二七條）卽不得以提單外之約定事項變更之。否則必易蒙損害。社會上將視提單之記載爲不足信。必有拒絕收受提單之情事發生矣。

（二）提單爲指定證券。故提單縱爲記名式。仍得以背書移轉於他人。但提單上有禁背書之記載者。不在此限。（六二八條）

（三）提單爲物品的證券。交付提單於有受領物品權利之人時。其交付就物品所有權移轉之關係。與物品之交付。有同一之效力。（六二九條）

（四）提單爲贖回證券。卽受貨人請求交付運送物時。應將提單交還。（六三〇條）

第三、提單之記載。　提單之記載。除與本法六二四條第二項所列第一款至第四款同一記載外。尙應記載左列之事項。並由運送人簽名。（六二五條二項）

（子）運費之數額及其支付人爲託運人或爲受貨人。

（丑）提單之塡發地及塡發之年月日。

第三款　運送人之義務

第一、提單之交付。　前已言之。茲不贅。

第二、運送之履行。　託運物品。應於約定期間內運送之。無約定者。依習慣。無約定亦無習慣者。應於相當期間內運送之。（六三二條一項）此爲運送人之重要義務。而運送事項。則可分受領運送、保管及交付、所稱相當期間之決定。應顧及各該運送之特殊情形。（同條二項）自不能以一概論也。

第三、變更指示之限制。　卽運送人非有急迫之情事。並可推定託運人若知有此情事。亦允許變更其指示者。不得變更託運人之指示。（六三三條）以防託運人不利益之結果。

第四、注意及處置。　如有第六百三十三條（卽前項說明）第六百五十條（卽不能交付運送物）第六百五十一條（運送物之受領權有訴訟時）或其他

情形。足以妨礙或遲延運送或危害運送物之安全者。運送人爲保護運送所有人之利益。應爲必要之注意及處置。（六四一條一項）

第五、運送物到達之通知。運送之於運送物到達目的地時。應卽通知受貨人。（六四三條）使受貨人得早日受貨也。

第六、運送之中止。運送人未將運送物之到達通知受貨人前。或受貨人於運送物到達後。尚未請求交付運送物前。託運人對於運送人。如已塡發提單者。其持有人對於運送人。得請求中止運送。返還運送物。或爲其他之處分。（六四二條一項）於此情形。運送人應有服從其請求之義務。以保護提單持有人之利益。

第四款　運送人之責任

第一、負責之事由。可分左列六種。

（甲）運送人對於運送物之喪失毀損或遲到。應負責任。（六三四條一項前段）

（乙）運送物因包皮有易見之瑕疵而喪失毀損時。運送人如於接收該物時。不爲保留者。應負責任。（六三五條）

（丙）運送物因運送人之僱用人或其所委託爲運送之人。有過失而致喪失毀損或遲到者。運送人應負責任。（六三六條）

（丁）運送物爲數運送人相繼爲運送者。除其中有能證明無前三條所規定之責任者外。對於運送物之喪失毀損或遲到。應連帶負責。（六三七條）

（戊）運送人於受領運費及其他費用前。交付運送物者。對於其所有前運送人應得之運費。及其他費用。負其責任。（六四六條）

（己）運送人怠於六四一條一項之注意及處置者。對因此所生之損害。應負責任。（六四一條二項）

前列各種情形。託運人皆應負責。但非無例外。析述於左。

（A）運送人對於託運物之喪失毀損或遲到。能證明係因不可抗力或

因運送物之性質。或因託運人或受貨人之過失而致者。不負責任。（六三四條但書）

（B）金錢有價證劵珠寶或其他貴重物品。除託運人於託運時報明其性質及價值者外。運送人對於喪失毀損。不負責任。（六三九條一項）故價值經報明者。運送人仍應負責。但以所報價額爲限負其責任。（同條二項）

第二、責任之範圍。換言之卽損害賠償數額之範圍。茲明述之。並言其損害賠償額之計算方法。

（甲）損害賠償之數額。因遲到之損害賠償額。不得超過因其運送物全部喪失。可得請求之賠償額。（六四〇條）蓋運送物之遲到與其全部喪失者。當然有別。苟法無明文限制。勢必徒見糾紛耳。

（乙）損害賠償額之計算。運送物有喪失毀損或遲到者。其損害賠償額。應依其應交付時目的地之價値計算之。（六三八條一項）亦所以杜防爭議。但運費及其他費用因運送之喪失毀損無須支付者。應由前項賠償額中扣除之。（同條二項）以昭事理之允協。

第三、免責之限制。　運送人交付託運人之提單或其文件上有免除或限制運送人責任之記載者。除能證明託運人對於責任之免除或限制明示同意外。不生效力。（六四九條）此所以保護託運人之利益。幷期運送之安全。

第四、責任之消滅。　受貨人受領運送物並支付運費及其他費用。不爲保留者。運送人之責任消滅。（六四九條）蓋受貨人旣無異議。則可視爲承認運送之完成。不得復詰責運送人矣。但運送物內部有喪失或毀損不易發見者。以受貨人於受領運送物後。十日內將其喪失或毀損。通知於運送人爲限。運送人之責任。仍不即時消滅。（同條二項）又運送物之喪失或毀損。如運送人以詐術隱蔽。或因其故意或重大過失所致者。受貨人於受領運送物。雖未保留異議。幷十日內不爲運送物喪失或毀損之通知。則運送人之責任。仍不能享受短期消滅時效之利益。（同條三項）以加重運送人之責任。

第五款　運送人之權利

第一　運費請求權。　運送人既以受運費而爲運送營業。其有請求運費之權利。則爲當然之事。但運送物於運送中。因不可抗力而喪失者。運送人不得請求運費。其因運送而已受領之數額。應返還之。（六四五條）蓋運送物雖因不可抗力而消滅。然猶令託運人負交付運費之義務。則託運人受二重損害矣。不平孰甚。

第二　費用償還請求權。　運送人被請求中止運送時。運送人得按比例就已爲運送之部分請求運費及償還因中止返還或其他處分所支出之費用。並得請求相當之損害賠償。（六四二條二項）以中止運送前。運送人既已履行運送。則其因中止返還或其他處分所支出之費用。運送人因得請求償還。如有損害。亦得請求相當之賠償也。

第三運送物之提存或拍賣權。 運送人於左列情形。得將運送物提存或拍賣。

（1）受貨人所在不明或拒絕受領運送物時。運送人應即通知託運人。並請求其指示。如託運人之指示事實上不能實行。或運送人不能繼續保管運送物時。運送人得以託運人之費用。寄存運送物於倉庫。（六五〇條一項二項）

（2）運送物如有不能寄存於倉庫之情形。或有腐壞之性質。或顯見其價值不足抵償運費時。運送人得拍賣之。（六五〇條三項）

前列二種情形。一方雖為運送人之權利。然他之一方與託運人及受貨人之關係頗巨。故運送人於可能之範圍內。應將寄存倉庫或拍賣之情事。通知託運人及受貨人。（六五〇條四項）

上所說明於受領權之歸屬有訴訟致交付遲延者適用之。（六五一條）蓋運送人如遇運送物之受領權應歸屬於何人。發生訴訟。以致交付遲延者。其情形與上述同。故適用前條之規定。使運送人有所準則。至如運送人拍賣運送物時。得就拍賣代價中扣除拍賣費用運費及其他費用。並應將餘額交付於應得之人。如應得之人所在不明者。應爲其利益提存之（六五二條）以昭平允。

第四、留置權。運送人爲保全其運費及其他費用得受淸償之必要。按其比例。對於運送物有留置權。（六四七條一項）此有償契約當然之結果。惟所謂按其比例。則自不得爲過分之留置。又不待言。

運送人之權利既如上之所述。此外尙有所謂最後運送人之權利者。（六五三條）卽運送物由數運送人相繼運送者。其最後運送人就運送人全體應得之運費及其他費用得行使留置權。（卽六四七條）提存及拍賣權（卽六五〇條）及由拍賣代價中扣除拍賣費用運費及其他費用之權利。（卽六五二條）但所謂數人相繼運送。與一人單獨運送固屬有別。卽與數人共同運送亦各不同。則一人單獨或數人共同運送者。自無適用前列規定之餘地。相繼運送。既有最後之運送人。則自有前運送人之存在。而前運送人爲一人或數人。在所不問。不過前運送人所得行使之權利。最後運送人。得代爲行使之。以求便利也。

第六款　託運人

託運人。卽爲運送人之相對人。前既言之。故在運送契約中。亦復有其權利。並負擔義務。茲分述爲下。

第一、託運人之義務。

（甲）交付託運單之義務。　其說明見前。茲不再贅。

（乙）交付文件及爲說明之義務。　託運人對於運送人。應交付運送上及關於稅捐警察所必要之文件。並應爲必要之說明。（六二六條）蓋運送物雖託與運送人運送。然其所有權。非屬於運送人。則關於運送上及稅捐警察所必要之文件。託運人自應交付之。如有說明之必要者。並應爲其說明。使運送人得知其使用以免中途之阻滯。

（丙）告知之義務。運送物依其性質對於人或財產有致損害之虞者。託運人於訂立契約前。應將其性質告知運送人。（六三一條前段）以此種情形。於訂立運送契約前實非運送人所得而知。故託運人應負告知之義務。若怠於告知者。對於因此所致之損害。應負賠償之責。（同條後段）運送人自無責任之可言。

第二、託運人之權利。　運送物之喪失毀損或遲到。係因運送人之故意或重大過失所致者。如有其他損害。託運人並得請求賠償。（六三八條三項）卽運費及其他費用因運送物之毀喪無須支付者。除應由賠償額中扣除外。運送物之毀喪或遲到。若因歸責於運送人之事由。致有其他損害。並應負賠償責任。卽託運人有請求賠償之權利。

此外託運人之權利。多爲運送人之義務。而運送人之義務。前第三款已爲說明。對照觀之。自屬暸然。於此無庸贅述。

第七款　受貨人

受貨人者。即運送目的地。應受領運送品之人也。其權利如左。

（一）運送物到達目的地。並經受貨人請求交付後。受貨人取得託運人因運送契約所生之權利。（六四四條）則其取得權利之原因。必須運送物到達目的地。且經其請求交付後。始有權利之可言。反之若運送物於到達目的地前。或雖到達後。而受貨人未請求交付前。其運送物之處分。仍屬於託運人之權利。受貨人固無從取得矣。

（二）運費及其他費用之數額有爭執時。受貨人得將有爭執之數額提存。請求運送物之交付。（六四七條二項）蓋運送人對於運送物。有留置權。亦無非保護運送人之利益。但運費及其他費用有爭執時。如持久不決。對於運送物。亦仍使其留置。則有害受貨人之利益甚大。故受貨人得將有爭執之數額提存。請求交付運送物。庶於雙方保護。各得其平。

至受貨人之義務。爲受領運送物時。對於運送人應支付運費及其他費用。此項義務。本法雖無明文。解釋上當然如此。又受貨人應支付運費義務時。託運人之義務並不因而消滅。蓋以兩種義務之成立。其原因各別。故不妨並存也。

第三節　旅客運送

第一、旅客運送人之義務。　旅客運送人之義務。在依約定之方法與時間。以運送旅客及其行李。所謂行李。卽指附隨旅客而爲運送之物品言。故行李及時交付運送人者。應於旅客到達時返還之。（六五五條）履行義務。亦所以以淸手續耳。

第二、旅客運送人之權利。

（甲）收取運費之權利。　至運費數額。則由契約定之。然實際上多爲運送人預定。又多爲前付。

(乙)拍賣行李之權利。旅客到達後。六個月內不取回其行李者。運送人得拍賣之。(六五六條一項)如行李有易於腐壞之性質者。運送人得於到達後。經過四十八小時拍賣之。(同條二項)又拍賣所得代價之處置準用扣除拍賣費運費及其他費等之規定。(同條三項)

第三、旅客運送人之責任。其責任可分爲二種如左。

(甲)對於旅客身體之責任。旅客運送人。對於旅客因運送所受之傷害及運送之遲延。應負責任。(六五四條前段)所謂運送遲延應解爲運送定有期限而遲延者而言。運送人始應負責。但旅客之傷害。因不可抗力或因旅客之過失所致者。運送人則不負責任。(同條但書)因之運送雖定有期限。然因不可抗力。事實上運送不能進行時。亦應解爲運送人不負責任。

(乙)對於旅客行李之責任。其責任又因左列情形而不同。

（A）旅客已交付運送人之行李。運送人對於旅客所交託之行李。縱不另收運費。其權利義務。除本節另有規定外。適用關於物品運送之規定。（六五七條）以保行旅之安全。

（B）旅客未交託於運送人之行李。運送人對旅客所未交託之行李。如因自己或其僱用人之過失。致有喪失或毀損者。仍負責任（六五八條）

運送人交與旅客之票或收據或其他文件上有免除或限制運送人責任之記載者。除能證明旅客對於其責任之免除明示同意外。不生效力。（六五九條）是原則上運送人之責任。固不得任意限制或免除者。彰彰明甚。

第十八章　承攬運送

商業發達。運送事業。亦因以日廣。送貨人既感於運送人選擇之不易。復苦於自行監督之困難。而長途運送。又非一人所能擔任。分別締結運送契約。亦甚不易。於是承攬運送事業尚焉。承攬運送人。乃立於運送委託人與運送人之間。而專為他人周旋運送契約之締結。此承攬運送契約之所由生也。

第一節　承攬運送之意義

承攬運送者。謂以自己之名義。為他人計算。使運送人運送物品而受報酬為營業之人也。（第六六〇條一項）茲分析言之。

第一、承攬運送人與運送人締結契約。須用自己之名義。其與代辦商及其他之代理人俱用本人名義者。迥異其趣。學者間有謂其為間接代理之一種者。蓋因其行為。乃自為主體之當事人。而直接對於運送人發生權利並負義務。非如代辦商與其他之代理人。僅得對於本人發生效力也。

第二、承攬運送所締結之契約。須限於物品。既僅云物品。則旅客運送之承攬。自不包括在內。故旅客運送者。即非此所謂承攬運送也。蓋以旅客之運送程式簡易。且本身可自行接洽旅行事實上亦無適用此種規定之必要也。

第三、承攬運送所締結之契約。須有報酬。關係此點。在日德之商法。均無明文限制、則在解釋上遇有無償之承攬運送。當屬不妨認許。但本法既以受報酬為要件。則無償之承攬運送。（如承攬運輸戰時物品之類）自不適用本節之規定。

第四、承攬運送人所與締結契約之相對人。須為運送人。所謂運送人應從廣義解釋。不僅以陸上之運送人為限。即海上之運送人。亦應包括之。

第五、承攬運送人。須以承攬運送為業。若偶爾承攬。並不以之為營業者。縱令受有報酬。亦僅能認為無名契約之一種。類推的適用本節之規定。惟是承攬人雖應以營業為要件。而委託者。則並不限於營業。故法律統稱為託運人焉。

承攬運送人。與行紀人。俱以自己之名義。為他人計算。亦廣義之行紀也。故本法第六六〇條二項特明定除本章另有規定外。關於承攬運送人之權利義務適用行紀之規定。

在各國法制。關於承攬運送之規定。頗不一致。有規定於行紀章末。而視爲行紀之一種者。如瑞士債務法是。有規定於運送章內。而視爲運送契約之一種者。如西葡等國之商法是。有特設爲一章者。如日德之商法是。惟在德之商法。凡關於運送之一切責任。均由承攬運送人負擔。寧認爲近似運送營業之一種。而在日之商法。則係一切準用行紀之規定。亦可解爲廣義之行紀。本法既許運送承攬人準用行紀之規定。其採日之立法例。無待言也。

第二節　承攬運送人之義務

承攬運送人之義務。依本法第六百六十一條之規定。分述如左。

第一、注意責任。　承攬運送人。對於運送物品。應負注意之責。乃本於有償雙務契約之性質所必然者也。蓋承攬運送契約。一經成立。則運送物品已轉入於承攬運送人之手。若不令承攬人隨時注意。非惟與締結契約之原旨不合。亦且有失事理之平。故承攬運送人。處理此等事務。如關於運送物品之接收保管運送人之選擇。及其他有關之事項。苟怠於注意。雖其程度距離故意過失尚遠。亦不可不負賠償之責。惟是若承攬運送人。對於此等事項。已盡其應注意之能事。而仍不免損害之發生者。設一律責以賠償。亦非商業上安全之道。此本法所以許其對於處理事務能證明其無怠於注意者。概使不負損害賠償之責也。

承攬運送人既許舉證以免責。則舉證本爲承攬運送人之利益。當然由其負舉證之責。其與通常民法舉證之責應由請求損害者負之者有別。蓋以物品既入承攬運送人之手。其注意之週到與否。本非託運人所可得知。若不加重承攬運送人之責任。殊不足以保護託運人之利益也。

第二、賠償責任。　承攬運送人怠於注意。致運送物品發生損害者。應負賠償之責。已如前述。惟賠償不可不有範圍。否則若一切之損害皆責令承攬運送人賠償。

其待遇未免過酷。故本法特明示託運人之損害須限於物品之喪失毀損及遲到等情事始令承攬運送人賠償。至其他之損害則不在所示賠償範圍。惟所謂喪失。並非指物品之消滅而言。卽凡物品歸於他人之手。不能取回交還於應受領之人。縱令其所在分明。亦不得不謂爲喪失。毀損指物質上之損害。遲到則指不於正當時期交付。又屬當然之解釋。

第三節　承攬運送人之權利

承攬運送人之權利。析述如左。

第一、承攬運送人之報酬權　承攬運送人。既受委任代託運人選擇運送人。故其性質。與委任契約相似。實屬於委任之一種。依本法委任章之規定。委任契約原則上。無須報酬。唯承攬運送人。既以承攬運送爲業。且明定以受報酬爲要件。自可解爲有償委任之一種。有索取報酬之權利。其實行此種權利之時期。本法雖無明文規定。但承攬運送契約中。如無明文訂立者。則運送物品到達後。即有索取報酬之權、自不待言。又報酬係兼指承攬費與運送費而言、承攬契約中如已將二者分別訂明。則依約定辦理。設就運送全部約定價額。或承攬運送人塡發提單於委託人者。法律視爲承攬運送人自己運送。不得以承攬費爲承攬人之報酬、運送費爲運送人之報酬、分爲二項。另行請求。（第六六四條）

第二、承攬運送人之留置權。 承攬運送人具有報酬請求權。已如上述、但託運人如已接收託運物品而不履行其義務時。勢必至危害承攬運送人之利益。故法律許其就運送物品享有留置權。以資救濟。惟應行注意者。即行使其留置權時。並非漫無限制、故（一）須基於承攬費及墊款之報酬、（二）須有淸償之必要。（三）行使留置權。對於運送物須按其比例。設使不因承攬運送發生之債權。或留置承攬運送以外之物品。或以極少數之債權而留置託運人大宗之貨物。又或託運人之給付尚未到期。或雖到期而其給付已顯無困難之情形者。若亦留置其物品。則與承攬運送之旨趣不合。故本法第六六二條特以明文示其限制。

第三、承攬運送人之介入權。承攬運送契約。就其性質言。既基於代他人選擇運送人。本非自行運送。但就委託者之利益觀之。祇在運送貨物之達到其目的地。不問運送者爲何人。且亦不以承攬人自行運送而有妨礙。故承攬運送人。如無特約禁止其自行運送時。法律爲便利起見。概許其自行運送。惟既自行運送。則其間關係。已形複雜。固非單純之承攬運送契約所可概括。遇運送問題之發生。應卽視爲與運送人有同一之權利義務。自不待言。（第六六三條）

第四、物品運送規定之準用。承攬運送人法律上既許其自行運送物品。則因自行運送之故。發生特殊之法律關係者。不可無明文規定。故法律特明示其適用物品運送之規定。例如關於瑕疵物品之運送。金錢有價證券之運送。及依物品之性質。託運人負有告知有損害之虞。若怠於告知。應行賠償。與運送人損害賠償之責任及損害賠償之範圍。皆得準用物品運送之規定。蓋以此等規定各具特殊之性質。且爲當然適用。不以明文指示。殊易引起糾紛也。（第六六五條）

第四節　承攬運送損害賠償請求權之時效

承攬運送人。既負賠償之責。且其注意之程度。又甚重大。故法律爲緩和起見。使託運人之行使要求賠償權。須於二年期間內爲之。逾此期間。則承攬運送人之責任。即因時效之屆滿而消滅。託運人即無請求權。其期間之起算點。以託運人之曾否接受運送物而有差異。如已接受接運送物者。應自接受之日起算。若未接受運送物者。則自承攬運送人交付或應交付之時起算。蓋所以保護雙方之利益也。（第六六六條）

第十九章　合夥

第一節　合夥之意義

合夥云者。謂二人以上之當事人互約出資。以經營共同事業之契約也。（第六六七條）其契約謂之合夥。其各當事人謂之合夥人。茲分析說明如下。

第一、合夥契約之成立。須有二人以上之當事人。　關於此點與社團法人或公司之組織雖極相類似。而實則不同。蓋普通公司或法人。均有獨立之人格。對其所有之財產。得以法人名義爲一切之行爲。合夥則不然。其所有之財產。非合夥團體之財產。乃各合夥人所共有之財產。其所有之債權債務。非合夥團體之債權債務。乃各合夥人之債權債務。其所有之權利義務。亦非對合夥團體之權利義務。乃對於各合夥人或第三人之權利義務。故不能以合夥名義爲一切之行爲。

第二、合夥之各當事人。須共同出資。　合夥契約。係因圖達共同營業而成立。故欲達其目的。非各合夥人依契約之內容。從事於出資不可。惟此出資。係供共同營業之用。不許以特約對其中一人或數人免除。亦不許以特約供其中一人或數人利用。蓋合夥本爲雙務契約。各合夥人之出資。互有對價之關係。若許其利用與免除。自可認爲別種契約。不能認爲合夥也。惟所謂出資者。僅以負有出資之義務爲已足。其種類數量。不必均一。且不必限於金錢。故有出資一萬元者。有出資僅百元者。有出資爲金錢者。有出資爲金錢以外之物。如動產不動產所有權、地上權、永佃權、特許權、著作權、以及經營、利益、信用、勞務等之無形有價物者。要皆無妨合夥出資之性質。至單純之不作爲。（如停止營業等類）可否視爲出資之內容。學者間議論不一。但吾人就實際觀之。合夥人之出資。係因達共同事業之目的。含有積極的協力促成之意義。與單純不作爲之利益。僅屬消極的不妨害共同事業之發展者。其性質不免相違。應認爲不得爲出資之目的也。

第三、合夥之各當事人須營共同事業　所謂共同事業。卽各合夥人對於合夥事業之成功與否。均有切身之利害關係之謂。非限於利害關係均須相同。且須均等也。從而一方負有精神上之利害關係。而他方負有物質上之利害關係者。固不失爲合夥。卽一方僅分配利益。而他方不負擔損失者。亦不失爲合夥。又所謂營業者。並不以繼續爲必要。卽一次之共同購賣物品。亦無礙於合夥之成立。更不以營利爲目的。其他如娛樂及聯絡感情等。凡屬合夥目的的共同事業。皆非所問。惟於事業有反於公共秩序及善良風俗者。斯依一般之原則。應認爲無效耳。

第二節　合夥之效力

第一項　合夥之內部關係

合夥之內部關係者。卽各合夥人相互間之關係也。分述如左。

第一　關於合夥財產之規定。

（一）公同共有。　合夥非法人。其所有財產。不能離合夥員。獨立爲財產之主體。已如定義所述。故法律特認其爲屬於各合夥員所共有。所謂共有者。卽認其權利。係屬一體而歸於數人所有之謂。與分別共有大異。其趣。蓋合夥之財產。本以供共同事業之用。若許分別共有。則可隨時請求分割。而共同事業之目的。終無由而達矣。故不問合夥之出資。及其他經營事業之財產。苟屬合夥人所有。均應視爲共有。不得請求分割。蓋不如是無以促共同事業之成功也。（第六六八條）

（二）增加出資與補充之限制。　夥員之出資。雖以達共同事業之用。然共同事業之目的。在締約初時。既已明定。則出資之義務。應以約定爲限。方符合夥契約之原旨。否則若許其隨時增加與補充。而又不許其半途分割。非惟有失情理之平。亦且易起糾紛。故法律特明示不許其增加與補充。故縱因損失而致資本短少者。各合夥人既無請求增加出資與補充之權利。亦無增加出資與補充之義務也。然此規定係屬任意性質。若合夥人預以契約訂明許其增加與補充者。自非法之所禁。（第六六九條）

上述規定。僅各合夥人對於出資不負增加與補充之義務。並非一經出資。卽於出資之本身。無甚關涉也。故關於出資之危險負擔及瑕疵擔保責任。要當依一般規定。以爲適用。蓋以此等性質。仍爲出資之義務。從而出資之物或權利有瑕疵時。應準用買賣之規定。負擔保責任。（參照第三四七條）一合夥員履行不能者。他合夥員亦免對待給付之義務。（參照第二六六條）他合夥員未給付前。得拒絕自己之給付。（參照第二六四條）自不待言也。

（三）契約變更之限制。　合夥契約及事業。爲各合夥人全體共同之目的。不許其中一人或數人利用。已如定義所述。故契約一經締結。卽應依約盡力履行。以期其成。縱其事業之進行。已顯無成功之希望者。除有特約外。非經全體意思之一致。不許變更契約。蓋不如是不足以符合夥之性質。且易引起强弱不均之風。而合夥事業。不免爲少數一二人所操縱也。（第六七〇條）

第二、關於執行業務之規定。

（一）執行之權限。　合夥契約因達共同目的而成立。故其所約定之事業。不可不爲執行。此執行係謀合夥人全體之利益。本爲各合夥人之權利。亦卽爲各合夥人之義務。故如契約未訂明由何人爲執行時。自須由全體共同執行。方符合夥契約之性質。關於此點。各國法制。所採主義。頗不一致。許各合夥人各自執行者有之。以合夥人全體之過半數決定其執行者有之。限於各合夥人共同執行者亦有之。此三主義。若極端採納。不免有偏枯濡滯之弊。本法於原則上係採第三主義。但另有特約訂定者。則從其特約。蓋所以重合夥人之意思而符共同事業之原旨也。（第六七一條一項）

合夥業務。既許以特約訂明由有執行權人執行。從而契約中。如已約定由某夥員或某數夥員執行者。則該合夥業務。卽由此一員或數員執行。其他合夥人無執行權。自不待言。惟如所選定之執行人有數人時。關此數人執行業務。其權限若無規定。不免時起衝突。夫合夥業務。本法既以共同執行爲原則。則依此規定。其選定之數執行人。應即依共同執行之旨。以爲辦理。方與前項立法之精神相符。此第六一七條第二項所由設也。惟若絕對採此原則以爲適用。則業務之進行。必感困難。且有時不免因濡滯而妨害業務之成功。況合夥之通常事務。其進行尤須迅速。若一一皆須共同執行。於事實上既不勝其繁累。於業務上亦未見有裨益。故本法爲便利執行業務起見。於該條第三次前段特明示凡合夥之通常事務。得有執行權人單獨執行之。所以期協於當事人之意思也。

（二）執行之法定方法。　合夥業務之執行。必經決定。本法關於執行。既以共同執行爲原則。則事務之決定方法。亦應由公同行之。自不待言。惟合夥契約雖已明定由合夥人全體或一定之過半數決定者。關於表決權。亦非毫無問題。蓋多數決定。其解釋有二。（一）依全體人數計算。（二）依出資額數計算。依出資額數計算者。係着眼於保護出資之利益。然蔑視當事者間之人格。足以養成資本家之驕橫跋扈。且與近世取締大資本家壓迫小財產之手段不符。本法係採第一解釋。

依出資之人數計算。縱其出資之額數大小懸殊。其表決權亦不因之有所差異。此乃合於新社會立法之旨也。（第六百七十二條）

（三）對於執行業務者之異議　合夥契約既許以通常事務之執行權委其中之一人單獨執行。已如上述。惟執行通常之事務與非通常之事務。其中常具有密切之關係。並非顯然可以分離。且事務之進行。常有因一事務之僨事而致全體事務失敗者。亦有因一事務之順遂而致他事務之成功者。設此單獨行使執行權之人。於執行事務時。不顧全體之利益。任意獨行。在在足以危害共同事業之發展。若不令其他合夥人有聲明異議之權。非惟不足以杜專擅之弊。更足以發生他事業之危機。此本法第六七一條第三項末段規定於有執行權之合夥人異議時。該單獨執行權人之行爲。應卽停止該事務之執行也。惟應注意者。此項異議權之行使。須於該事務未完成前爲之。若在完成以後。則結果業已發生。於事務亦屬無補。理甚明顯。至執行業務於有人聲明異議時。仍置若罔聞者。則因此所發生之損害。

應卽歸執行人負擔。又若因異議而中止執行。設其異議爲不當。因之發生損害者。應歸異議人負擔。此又當然之解釋也。

（四）執行權之喪失與辭任。　合夥契約成立後。合夥人與執行人相互間之關係。依通常情形而論。本屬一種委任契約。其得適用一般委任之規定。聲明解約。所不待言。唯執行人係從合夥人中選任者。與通常委任之執行人。其情形既不相同。且其地位乃因合夥契約之結果而生。在當事人間實無別種委任契約之可言。關於解任與辭任。自不能專依委任之規定而不設特殊之明文。卽（一）合夥執行人之解任。必限於具有正當事由及合夥人全體之同意。或合夥契約訂定得以過半數決定者。以過半數之同意決定之。（二）其辭任以具有正當事由。卽可爲之。對於前者限制特嚴。良以解任爲執行權之喪失。不但於執行人之名譽有關。且爲變更契約之一部。若不嚴其方法。則合夥事務不免爲少數人所利用。對於後者較爲易行。良以辭任爲執行人自動之意思。人之自由不可拘束過甚。且如不聽其

辭任。則其人心已外馳。强其留職。於事無補。甚或爲達其辭任目的而故意僨事。亦不可不慮及之也。(第六七四條)

(五)執行業務之報酬權。　合夥人執行合夥業務。有基於合夥契約之結果者。如以勞力爲出資。是有基於合夥人之決定者。如選任之執行人。是其執行權之產生雖異。要皆爲共同事業之成功而爲執行。則無殊也。故依此等執行之性質而言。本卽爲執行自己之事務。自不得請求報酬。唯是各合夥人之義務。既不限之一律。且亦不必均等。若絕對不許請求報酬。亦非所以堅合夥執行人之心而謀公同事業之發展。故本法於原則上雖不許請求報酬。但於契約另有訂定者。概非所禁。蓋所以期適於當事人之意旨也。(第六七八條二項)

(六)委任法規之準用。　合夥執行人與合夥人之權利關係。乃因合夥契約所生之結果。非由於委任契約。前已述明。唯是合夥人執行合夥之事務。其地位與委任契約中之受任人。極相類似。關於委任之規定。自非其性質所絕對不能適用。

且合夥人執行業務時。除依契約及合夥人全體意思決定外。如於合夥契約無規定。或合夥人全體並未表示時。其所有權利義務。又非單純之合夥章中所可概括。故本法明訂使準用委任中第五三七條至五三六條之規定。所以免其糾紛也。（第六八〇條）

第三、合夥人負擔義務之程度。　合夥契約成立後。如合夥人依契約所負擔之義務。其履行應用如何之注意乎。夫合夥之事業。爲各合夥人所共有。其對之負擔之義務。本爲負擔自己事務之義務。則依其性質。應使與處理自己之事務適用同一注意。方爲允當。此本法第六七二條所由設也。所謂與處理自己之事務爲同一注意者。卽屬具體注意之謂。應依該合夥人平日注意之程度決之。非有重大過失。不負賠償責任也。

第四、合夥人之檢查權。　合夥事務。歸有執行權人執行。其他執行之合夥人。對於執行業務。雖不得干預。然合夥之財產。爲各合夥人所共有。合夥之事務。又爲各合夥人共同之事務。其財產之狀況。及事務之進展與否。各合夥人實且有利害關係。故於不妨害執行權之範圍內。各國法制。均使其具有監督權。本法亦從多數之立法例。特於第六七五條明訂許其隨時檢查合夥之事務。及其財產狀況。並得查閱帳簿。此乃本於法律上公益之規定。從而當事人間。預以契約除去或限制此種權利者。卽不能認爲有效。蓋非如此不足以貫澈合夥契約之精神。而維護全體共同之利益也。

第五、合夥人支出費用之求償權。合夥人無論有無執行業務之權。對於因合夥業務支出之費用。概得請求償還。何也。蓋合夥人對於出資之義務。應以約定爲限。因合夥事務所支出之費用。旣非約定之出資。若不許其請求償還。是無異使合夥人有增加與補充之義務。殊與其性質大有違背。此第六七八條第一項明示其旨也。唯所應注意者。此項支出之費用。法文僅爲概括之規定。並未訂明限於正當之費用。則不正當之費用。是否可以求償。但依一般之解釋。非正當之費用。自可拒絕給付也。

第六合夥之分析及決算分配損益。　合夥財產所以供公同事業之用。在事業未成就前。則依約定意旨本有繼續執行之必要。固不能隨時請求財產之分析。卽在事業成就之後。亦非合夥事務之已告終結。必待淸算終結後。始可請求分析。此依合夥之性質不得不爾也。（第六八二條一項）唯是合夥人在合夥淸算前。雖不得請求財產之分析。但僅單純分配利益。於合夥事業之進行。並無妨礙。且合夥事務常有非短期可得終結者。若不允其請求。未免限制過甚。殊違保護合夥人立法之精神。此第六七六條及第六七七條所由設也。茲分述如下。

（一）決算及分配利益之期間。　合夥人欲分配合夥財產之利益。非將其收支明確列表計算不可。蓋決算係計算損害之程度。通常應於合夥事業終結或合夥事業年度終結時爲之。所謂終結。非指合夥各宗事業之終結而言。故其決算與分配期間。除有特約依其特約辦理外。如於特約無規定時。法律不可不定其得請求之期間。以免合夥人之任意請求。本法特明示使依普通商業之習慣。於每屆事務之年度終、辦理決算及分配利益事務。蓋所以最適於實際之用也。

（二）分配損益之成數。　合夥人分配損益之成數。其情形有二。即（一）已約定分配損益之成數者。依其約定辦理。（二）未經約定者。視其出資爲財產爲勞務而有差異。蓋以勞務爲出資者。其締約之初。既僅注視其人之勞力以爲合夥。可知當事人間之意思。對其財產之輕重。自宜按其勞力出資額。以分配利益。對於損失部分。非有特約訂明時。應使免除。方昭公允。至以財產爲出資者。則其出資之額數。已甚明顯。關於損益之分配。應即按其額數。比例分配。蓋權利義務通常本應平均。於當事人之意旨。方可符合。唯依此原則。在各合夥人約定同一之成數分配損益者。固無問題。設僅就利益或損失一方面之成數而爲分配。此外又帶其他特約者。將依何標準辦理。夫合夥人既就利益或損失之一部表明。則推測當事人之意思。對於他部之分配。縱未訂明。亦必按此計算。故法律特推定視爲損益共通之分配成數。蓋所期合於當事人之意思也。

第二項　合夥之外部關係

合夥之外部關係者。合夥執行人及合夥人對於第三人之關係也。分述如下。

第一、合夥執行人與第三人之關係　合夥非法人。無獨立之代表機關。然合夥爲無形團體之一種。其業務有屬法律行爲者。有屬於法律行爲以外之事務者。法律行爲以外事務之執行。祇執行人與合夥人生權責問題。無關第三人之利害。不予以代表權。固無不可。若執行係屬法律行爲。則對第三人之關係。甚爲密切。若不予以代表權。則其執行之行爲。必不能使合夥與第三人間生直接之效果。設以自己名義爲之。又有違背契約之性質。故本法於委任之本旨執行事務之範圍。使執行人對於第三人爲他合夥人之代表。蓋不如是不足以資事業之進行也。（第六七九條）

第二、合夥人對第三人之關係。

(一)連帶清償責任。　合夥債務。本爲夥員所共有之債務。依理論之。應由各合夥員分擔清償。方符合夥之性質。然此乃爲其對內之關係。若對外亦如此。其於第三人之利益。甚有妨礙。蓋合夥人既共同營業。其所合夥債務。又以全體名義而爲負擔。若僅使按其出資額數。比例分擔。非惟不足鞏固合夥之信用。亦且有損債權人之利益。故本法爲避免各合夥人藉端推諉起見。特規定於合夥財產不足清償時。使各合夥人對於不足之額數負連帶償還責任。良以合夥人雖暫爲全部之償還。仍得於清償後。向他合夥人請求按照合夥出資之額數。並無悖戾也。

(二)合夥股份之轉讓及加入。　合夥契約。由合夥人彼此信任而成立。爲貫澈此信任起見。此合夥之股份。應由各合夥員保持其原有之狀態。不許第三人加入。方符立約之初旨。雖然。人之財力難期歷久不變。合夥之狀態亦不能永無變更。若於某種情況之下。其合夥員必須將股份轉讓。或合夥必須加入第三人者。更爲常有之事。若果絕對不許。亦非所宜。惟爲保護全體之利益。防止合夥員之輕率轉讓及第三人之輕率加入起見。不可不設特殊之限制。卽（一）合夥股份之轉讓。如該讓受人係其中他合夥人者。可任意爲之。否則若係第三人。須經全體之同意。（二）第三人之加入。旣須經合夥人全體之同意。且須對加入合夥前之債務與他合夥同其責任。蓋前者以合夥人股份內部之轉讓。其讓受人之信用本爲該合夥員全體所素悉。許其自由轉讓於他合夥人。並無妨礙。後者爲局外之第三人。一經轉讓。卽可加入。且爲變更契約之一部。自須經全體之同意也。至第三人之加入合夥。須負擔加入合夥前之債務者。因合夥財產之決算。須限於業務終結或於業務年度終了時爲之。若因加入可免責任。則他合夥人之義務。必至增加。故不可不明訂之也。（第六八三條第六九一條）又合夥人讓受他合夥人之股份。是否負擔轉讓前合夥之債務。本法雖無明文規定。但第六七六條旣明定合夥之決算及分配損益。如未有契約另訂者。按其出資額數比例定之。則在解釋上應負擔轉讓前之債務。自不容疑。

第三、非合夥人主張權利之限制。　合夥財產之性質。既不許合夥人隨時請求分析。自不容第三人就合夥中之一人財產而任意干預。故就合夥人一人之債權。祇能直接向其人請求履行。不得以對合夥所負之債務主張抵銷。縱該合夥人對合夥所生之權利。怠於行使。而有代位請求之必要者。亦僅限於該合夥人所有分配利益之範圍內。可以主張。對其他之權利。則概不得請求。此無他。蓋分配利益之權。爲各合夥人所專有。許其代位行使。於合夥之性質。並無妨礙。至其他合夥權利。在各合夥人既不得請求分割。若使第三人得主張代位權。是不啻予第三人以支配財產之權。所謂共同利益。終無由而達矣。又第三人對合夥人之股份。能否因其具有債權而請求扣押。學者間頗有疑問。依合夥財產共有之性質而論。自以不得扣押爲宜。然果絕對拘此原則。又無以保護債權人之利益。應仍許其扣押。而使該合夥人得據此聲明退夥。如此既足以保護債權者之債權。亦不致損害他合夥人之利益。惟爲此項聲請者。應於兩個月前通知合夥人。蓋

以一經扣押。即足發生退夥之效力。非是則他合夥人不免因之受損也。（第六八二條第二項第六八四條及第六八五條）

第三節　合夥之終了

第一項　合夥人之退夥

退夥云者。合夥人中之一人退出合夥。而他合夥人仍繼續其合夥關係之謂也。羅馬法不承認退夥之制度。德奧日本等國法律均承認之。蓋不欲以一人之事由。致合夥之輕於解散也。與近世維持經濟狀態之情形適合。故本法仿多數之立法例。亦認許之。茲就其原因效果。分述如下。

第一、退夥之原因　退夥之原因有二。有由於合夥人之聲明者。有由於法律之規定者。前者爲任意退夥。後者爲强制退夥。析述如左。

（一）任意退夥　其情形有下列數種。

（甲）合夥人於合夥之股份被扣押時。　合夥人之股份。乃所以表明其對於合夥財產之享有股份。既被扣押。若該合夥人不積極提供他宗擔保。以備清償。則對於享有之部分。已不免有喪失之危機。此時自應許其退夥。以保護各合夥人之利益。（第六八五條二項）

（乙）合夥契約未定存續期間者。　契約既未明定存續期間。是合夥之久暫。將無從揣測。若不許其退夥。非惟縛束合夥人太甚。於當事人實際之意旨。亦難相符。故本法仿多數立法例。許其退夥。此蓋最適於實際也。

（丙）以某合夥人之終身為期者。　此時既以契約明訂存續期間。似不許任意退夥。惟人之壽命修短無常。應視與未定期之合夥同。許其聲明退夥。以保護其利益。

上述二項之退夥。係法律為各合夥人便利之規定。但趨利避害。人之恆情。且輕率退夥。尤易破壞事業之成功。故特明示於合夥有不利益之時期內。不許聲

明退夥。且其聲請退夥。非於兩月前。通知他合夥人不生效力。（六八六條一二兩項）

（丁）不得已之事由。　合夥雖定有存續期間。如非可歸責於自己之重大事由者。亦許聲明退夥。蓋此時之退夥。既非合夥人所預料。若不許其退夥。則强人以難能。於事實並無補救。例如以勞力爲出資之合夥員。因疾病或戰後。致不能以勞力供給合夥是也。（前條第三項）

（二）强制退夥。　其情形亦有下述之三種。

（甲）合夥人死亡。　合夥契約。由於各合夥人之信任而締結。一旦合夥人死亡。其人格業已消滅。使其退夥。實爲勢所必至。唯預以契約訂明許該合夥人之繼承人繼承者。則締約之時。既僅注視其人之出資。並非注視其人之信用。已彰明顯著。故其繼承人之繼承合夥。自非法之所禁。（第六八七條一項一款）

（乙）合夥人受破產或禁治產之宣告者。　此時合夥人之資力及信用均

已喪失。若許其存留於他合夥人之利益。甚有妨礙。故應使之退夥。（同上二款）

（丙）合夥人經開除者。　開除爲强制退夥。義極明瞭。無待詳述。唯開除於合夥人之利害關係甚大。且爲變更契約之一部。爲防止合夥人濫用此權起見。非設特殊之限制不可。卽（一）須基於正當理由。（二）須他合夥人全體之同意。（三）須通知被開除之合夥人是也。（同上三款及第六八八條）

第二、退夥之效果。　合夥人退夥以後。雖喪失其合夥人之資格。與合夥脫離關係。然其退夥以前所有權利義務。並不受影響。從而退夥前合夥所負之債務。退夥人仍應負擔。此爲第六百九十條所明定。茲將其分配損益之規定。縷述如左。

（一）計算之方法。　退夥人與他合夥人間之結算。應以退夥時之合夥財產狀況爲準。此無他。蓋退夥乃對於將來發生效力。非如是不足以明退夥之性質也。唯是合夥事務已終結者。其財產狀況。固可分明。適用此項原則。原無問題。

若未終結之事務。其損益尚未分明。其財產狀況。更何由計算。若強其結算而先行分配。與他合夥人之利益。殊有妨礙。此法律所以特定使其於該事務了結後。再行分配也。（第六八九條一三兩項）

（二）出資之償還。　關於此點。不問其出資之種類如何。槪以金錢抵償。蓋此時合夥之事務。尚仍存續。若許分析請求償還。則公共事業。必因之而廢弛。若許其以金錢抵償。於實際上尚無妨礙。且亦不違反當事人之意旨也。（前條二項）

第二項　合夥之解散

解散云者。合夥人間因解散事項發生。解除契約。根本上使合夥關係終了之謂也。亦就其原因效果。述之如左。

第一　解散之原因　其情形有三。析述如下。

（一）合夥存續期間屆滿者。

（二）合夥人全體同意解散者。

（三）合夥目的事業已完成或不能完成者。

以上三種解散之原因或因條件成就或爲事實所迫許其解散實最協於當事人之意思。故第六九二條特明示其要旨。唯在第一種情形合夥存續期間雖經屆滿。而合夥人仍繼續其合夥事務者則其存續期間應以何種爲標準。本法以合夥人既同意於繼續。則雖無何種表示。應卽視爲不定期之繼續合夥。夫惟不定期之繼續合夥。則各合夥人得隨時聲明解約或聲明退夥。自不待言（第六九三條）

第二、解散之效果。合夥解散後。其最重要者。卽合夥財產之清算是也。清算云者。卽合夥解散後。未了事務收取合夥債權。清償合夥債務。分配剩餘財產於各合夥人等之總稱也。茲將其規定分述如左。

（一）清算人之選任。清算爲合夥解散後最重要之事務。依合夥財產共有之性質。自應由合夥人全體爲之。方昭公允。然或對於清算無特別之知識。又或因事實上之障礙、不願擔任斯職者。亦屬恆有之事。此處卽以所選任之清算人充之。亦無不可。關於選任之方法。本法係採全體過半數決定之主義。與前述之決定事業之辦法不同。蓋過於嚴格。則清算人之選任。必難產生。且恐少數合夥人藉此延宕、以妨害公共之利益。過於簡易。又不足以資保護全體之利益、至過半數之決定權、於此雖未明定。其應適用第六七三條以合夥人數計算多數、自不待言（第六九五條）

（二）清算人之議決權。　合夥清算人。如爲一人時。則執行清算事務。卽以該清算人之意思爲之。自不待言。如清算人有數人時、其事務本爲共同處理。故其議決權。應以過半數定之。如此則清算事務。方足以利進行而昭平允。（第六九五條。）

（三）清算人之解任與辭任。　清算人之解任與辭任。以辦理清算者之爲何人與清算權限之發生如何而有差異。辦理清算者。爲如合夥以外之人。其解任與辭任。當然適用普通委任之規定。若依合夥契約。由合夥人中一人或數人充任者。卽非因委任關係而生。自當依第六七四條之規定。對於解任。非有正當事由。與全體意思之一致不可。對於辭任。非有正當事由不可。否則不足以保護合夥人之利益也。（第六九六條）

（四）合夥財產之分配辦法。合夥清算後。其財產分配之辦法。卽（一）先清償合夥債務。（二）有剩餘時。返還各合夥人之出資是也。其清償債務之辦法。在債務已至清償期間者。固應卽時清償。卽未至清償期間。或在訴訟中者。亦須劃留清償之必要額數。以備清償。其返還出資之辦法。在合夥有損失而賸餘財產不足返還各合夥人之出資者。應卽共同分擔。按其出資額數。比例分配。若有利益而賸餘財產超過合夥人出資之總額者。除各合夥人受領出資之額數外。應再將所賸餘之財產。依其分配利益之成數。計算分配。又清償債務及返還各合夥人之出資。

如於必要之限度內需用金錢者。清算人得將合夥之財產。變爲金錢。凡此皆於實際之狀況不違。亦所以期協於當事人之意旨也。（第六七七條至第六七九條）

第二十章　隱名合夥

第一節　隱名合夥之意義

隱名合夥者。謂當事人之一方對於他方所經營之事業出資而分受其利益及分擔其損失之契約也。（第七百條）其出資人謂之隱名合夥人。相對人謂之營業人。茲將其意義分析如左。

第一、隱名合夥者。乃契約也。　隱名合夥關係之發生。必由於當事人間（卽隱名合夥人與營業人間）之契約。此種契約不拘定式。故爲不要式契約。僅因當事人間意思之合致而生效力。故爲諾成契約。兩造債務互爲報償。故爲雙務契約。旣屬有償。故又爲有償契約也。

第二、隱名合夥由隱名合夥人約爲對於他方營業而出資。既以約爲他方營業而出資。故凡出資而非爲營業者。或出資而自行加入營業者。均不得謂爲隱名合夥。在日德等國法制。關於營業。必須爲商人。故將此項契約規定於商法中。但本法既採最新立法例。與德日法制異其旨趣。且僅云營業並未限其種類。則雖商業以外之營利事業。自應包含在內。且依文理以爲解釋。固不限於立約前卽爲營業。於立約後開始營業。亦無妨於隱名合夥之成立也。

第三、隱名合夥係分配營業人由營業所生之利益及其損失。各國法制。關於此點。所採主義。頗不一致。如日本商法第二八七條僅以分配利益爲要件。德國商法第三三六條。許以特約規定不分配損失。我國民法草案第七〇八條均採德之立法例。但本法既明訂以分配損失爲要件。自不能爲相反之特約。從而不問損失之如何。須付一定之利息者。卽不能認其爲隱名合夥契約也。

第二節　隱名合夥之效力

隱名合夥。與合夥契約。其性質是否同一。學者議論不一。有謂爲係屬合夥之變態。其性質仍無妨於合夥之成立者。有謂爲係屬特種獨立之契約。純爲對內之關係。與合夥性質。不相連續者。本法採用第二說。因將二者並立於債之關係中。認其具有獨立之性質。自不容疑。觀於第七〇一條僅云準用合夥之規定。尤可見其性質。並非當然適用也。茲將規定分述如下。

第一、隱名合夥之財產。　隱名合夥契約之成立。以隱名合夥人之出資爲第一要件。既經出資。其財產權應歸何人所有。不可不明爲規定。夫隱名合夥人。既負出資之義務。依理論之。似應準用合夥之規定。使其財產屬於公同共有。方足以保其利益。唯隱名合夥人之出資。本爲隱名營業人之營業而發生。並非因合夥而擔任。則依爲出名人營業之旨。於出資之後。其財產權卽應移轉於出名營業人。否則若仍使隱名合夥人。擁其財產。則出名營業人。處分其財產。必須經隱名合夥人之共同決議。是不啻認隱名合夥人與一般合夥無異。於隱名合夥契約之旨。殊有違背。故本法第七〇二條特明文規定。唯僅云出資。並未限其種類。其出資之性質。是否一如合夥。學說及立法例。頗不一致。在德國多數學說。並不以金錢及財產權爲限。而日本商法。則以明文規定。非財產權之出資。槪不承認。我民法既無規定。自宜採用廣義解釋。唯須注意者。隱名合夥人出資之後。其財產權應卽移轉於出名營業人。則依斯旨。凡所謂出資不能作爲財產權之移轉者。自不認爲與出資相合也。（第七〇二條）

第二、隱名合夥事業之執行。　隱名合夥之事務。爲出名營業人之事務。故關於執行之問題。僅由出名營業人負擔。此無他。蓋執行係對外關係。隱名合夥人。既於外部無直接關係。自無執行權之可言。準是。凡因執行事務。對於第三人而生之權利義務。亦只限於出名營業人。與隱名合夥人。並無若何之關係。良以既不執行。自無使因他人之行爲。對第三人發生權利義務也。（第七〇四條）

第三、隱名合夥人之責任。　隱名合夥契約。以分擔他人營業所生之利益及損失爲要件。則利益應須分配。損失應須負擔。自不容疑。唯是隱名合夥人既不得干預營業。自減輕其責任爲宜。此本法所以限於就其出資之範圍內。使其負擔損失也。關於此點。與兩合公司之有限責任股東極相類似。不過兩合公司。具有獨立之人格。其股東雖有負有限責任而營業則仍爲各股東共同之營業商號及財產。亦爲各股東所共有。與隱名合夥之無獨立人格而營業商號財產。又俱爲出名營業人所獨有者。其間究大有差別也。(第七〇三條)

依上所述。隱名合夥人以不參與執行事務之故。故其分擔損失。亦僅限於出資以內之範圍。唯是若隱名合夥人。已參與合夥事務之執行。或雖未執行而已有參與執行之表示。又或知他人表示其參與執行。而並不爲反對之表示者。於此時既易使第三人發生誤會。自應加重其責任。使與出名營業人爲同一之負擔。卽雖預以特約免除。亦不能認爲有效。蓋非此不足以保護第三人之利益也。至關於分配損益之時期。法律亦設有特殊之規定。卽當事人間。如無特約者。應依通常商業之慣例。於每屆業務年度終爲之。蓋亦以隱名合夥人既不得參與事務之執行。若利益久不分配。易滋流弊。又隱名合夥人。於結算後應行分配之利益。須卽時交付。不得强行留置。其未領之利益。除當事人間另有特約外。亦不得逕作爲增加出資。凡此皆所以杜出名營業人之專擅也。（第七〇五條第七〇七條）

第四、隱名合夥人之監督權。 隱名合夥人雖以隱名之故。不得干預事務之執行。然既有分擔損益之效果。則與營業事務自具有直接之利害關係。若不予以監督權。曷足以資保護。此本法第七百零六條。既使隱名合夥人於每屆業務年度終。得請求查閱合夥之帳簿。及檢查其業務並財產之狀況。於非業務年度終。如有重大事由。得隨時聲請爲前項權利之行使也。又此監督權之性質。在前者謂之定期查閱及檢查。乃法律本於公益之規定。爲隱名合夥人固有之權利。縱以契約免除或限制其行使者。亦不能認爲有效。後者謂之臨時查閱及檢查。法律係本於特殊情形而爲規定。若出名營業人。拒絕其聲請。並得請求法院許可其行使。亦當然之解釋。凡此皆所以爲保護隱名合夥人之利益也。

第五、隱名合夥契約之終止。除依本法第六百八十六條之規定外。按照第七零八條之規定。其原因如左。

（一）存續期間屆滿者。

（二）當事人同意者。

（三）目的事業已完成或不能完成者。

（四）出名營業人死亡或受禁治產之宣告者。

（五）出名營業人或隱名合夥人受破產之宣告者。

（六）營業之廢止或轉讓者。

右列各種終止契約之原因。或爲公益攸關。或爲事實所迫。其一至三款及第五款之規定。與合夥契約之終止相同。已詳前章所述。唯第四款死亡及禁治產祇限於出名營業人。而不及於隱名合夥人。且本節又益以第六款之規定。斯則與合夥契約稍有差異耳。所以然者。蓋在第四款以隱名合夥人既不執行業務。其重要在於出資。不重在人。在第六款以合夥事業之變更須經共同決議而後生效。在隱名合夥。其營業之廢止及移轉隱名合夥人。既無決議之權。且其出資本注視出名營業人之信用。非使終止契約於實際之利益。殊有危險也。

第六契約終止後之效果。　隱名合夥之契約終止後。其唯一重要事務。即返還隱名合夥人之出資。及給付其應得之利益。但出資因損失而減少者。僅返還其餘存額。不必爲全部之返還。蓋隱名合夥之性質應分擔出名營業人因營業所生之利益及損失也。（第七〇九條）

第二十一章　指示證券

指示證券。爲有價證券之一種。起源於西曆第六世紀。其時凡持有此證券者。須證明其取得之事由。其證明之方法。先由證書券面所指名之權利者。作成意思證書。詳記其移轉證券之事由。及受此證券之人。嗣由持此證券者。呈示此證書。不然則不能行使其權利。因是證書證券。各爲一紙。若證書遺失。則證券無用。迨其後人皆嫌其不便。遂幷兩紙爲一紙。以證書所載之事由。加入證券。遂分法蘭西與意大利兩種形式。法式以此證明限定於證券裏面所記之用語。意式限定於證券下部所記之用語。兩式之中。意式紙張須放大。且下部所載易與上部相混。法式最便。一時盛行。相沿至今。意式殆消滅矣。

第一節　指示證券之意義

指示證券者。謂指示他人將金錢有價證券或其他代替物給付第三人之證券。其發行指示之人。稱爲指示人。被指示之人。稱爲被指示人。受給付之第三人。稱爲領取人。（第七一〇條）茲析述如下。

第一　指示證券係指示人以索取給付權授與第三人（領取人）並以行使給付之權利授與他人。此種給付標的不外金錢有價證券及代替物。其證券與券面有不可分離之關係。故債權之成立與其存續及實質若何。胥依證券之存在與內容而決定。非持有證券之人。不得主張也。關於指示證券之方式。本法雖未明示。然依通常之方式。不外如左。

憑條即付銀幣千元（或米千石）
交某某先生（領取人）（或某某先生之指定人）收此據
年　月　日
某某先生　台照
某某（指示人）

第二、發行指示證券。係單獨行爲。發行指示證券。爲不要因之法律行爲。可謂毫無疑義。唯此制度之性質。究爲契約。抑爲單獨行爲。頗有異說。平心論之。發行人之發行此種證券。不外授與他人以索取給付權及爲給付之權利。應作爲發行人之授權解釋。因指示之意思表示而生效力。無庸待被指示人之承諾。故以解爲單獨行爲說爲宜。

第二節　指示證券之效力

指示證券發行後。指示人被指示人及領取人間。互生法律關係。遂有左列之效果。

第一、相互間之義務。

（一）指示人之義務。　指示人發行指示證券之目的。在於被指示人因之而爲給付。蓋證券之功用。不過爲證明移轉某項財產於領取人之方法。必待被指示人依其證劵之內容給付於領取人。始生財產移轉之效力。從而指示人爲淸償其債務起見發行指示證劵於債權人者。（卽領取人）非待該被指示人於向領取人爲給付後。其債務仍不消滅。此亦爲當然之理也。（第七一二條第一項）

（二）被指示人之義務。被指示人於向領取人承擔債務後。其唯一之義務。在依指示證劵之內容而爲給付。蓋在未承擔前。被指示人雖爲指示人之債務人。固不因其爲債務人。卽有爲給付之義務。唯既爲承擔後。則兩造間已發生認諾之效力。或債務拘束之關係。若不依約履行。則指示之效用何存。此承擔之後被指示人卽應負其義務也。然果絕對的負責。則待遇被指示人。亦未免過酷。故法律特設例外。使被指示人得本於證劵之內容或與指示人間之法律關係所得對抗指示人之事由。對抗領取人。以資保護。所謂本於證劵之內容得對抗領取人者。例如指示證劵方式不備。又或因自己所負之債務。對於指示人無承擔其指示給付或爲給付之權利是也。所謂本於與指示人之法律關係。對抗領取人者。例如承擔時意

思不備或能力欠缺。又或因自己與領取人別有他種法律關係之存在是也。（第七一一條）

（三）領取人之義務。　領取人對於此項證劵權利之行使。居於債權人之地位。只有主張權利之可言。別無負擔他種義務。然果如此說。又無以保護指示人之利益。故法律就其義務。亦設有數種之規定。即（甲）領取人於受領指示證劵後。不得請求指示人就原有債務爲給付。（乙）被指示人拒絕給付或預先拒絕承擔以及領取人不願由其債務人受領指示證劵者。應即時通知指示人是也。蓋前者領取人已向指示人表示受領。自應受其意思表示之拘束。若仍許向指示人請求原有債務之給付。是指示證劵之發行。將等於虛設。殊與發行之旨相悖。後者證劵既已無形喪失效用。若不使其即時通知指示人。非惟與交易之信用違反。且長久遷延。於指示人亦感受莫大之損害。不有規定不足以照公平也。（第七一二條第二項前段及第三項暨第七一四條）

第二、相互間之權利。

（一）指示人之權利。　指示人之發行指示證券。純處於債務人之地位。並無若何之權利可言。所可言者。亦祇爲消極之權利而已。所謂消極之權利者。卽指示證券之撤回是也。蓋指示證券之發行。爲一種授權行爲。苟於相當之時期中。用適當方法撤回其證券。自非法律所禁。所謂相當時期者。卽其撤回指示證券。須於被指示人未向領取人承擔。或尙未給付前爲之。否則證券既發行有效。若任意撤回。易於損害他人之利益。所謂適當方法者。卽由指示人向被指示人以意思表示爲之。其無庸向領取人表示撤回者。以指示證券之效力。重在被指示人之給付也。（第七一五條第一項）

以上所述之撤回。係由指示人之自動。此外法律於特殊情況之下。雖指示人雖未撤回其證券。而亦視爲撤回者。卽該指示證券於被指示人未向領取人承擔或爲給付前。指示人受破產之宣告者是也。良以此時被指示人與領取人間既無債

務之約束。又不能依證券之內容而爲給付。自應視爲撤回。以保護雙方之利益也。（同上第二項）

（二）被指示人之權利。　指示證券發行後。被指示人雖亦處於債務人之地位。但法律於其權利。亦設有特殊之規定。卽積極權與消極權是也。積極權者。卽被指示人於未爲證券承擔前。得拒絕承擔與給付。法律雖無明文規定。但依指示證券之性質。實含有此權利。顯無疑義。又縱已爲債務之承擔者。亦非必全負履行之義務。倘得依證券之內容與對於領取人間之法律關係。對抗領取人。其詳已如上述。玆不復贅。消極權利者。卽被指示人於向領取人給付後。雖對於指示人之債務無承擔或爲給付之義務。亦得因給付。就其額數免除其債務。蓋指示證券。既僅因指示人之意思表示而成立。不須被指示人之承諾。故被指示人無審核證券發行之當否之必要也。（第七一三條）

（三）領取人之權利。　領取人之權利。可分爲對指示人之權利。及對被指示人之權利二種分述如左。

（甲）對於指示人之權利。　領取人於受領指示證劵後。不得向指示人請求給付原有之債務。前已述明。唯指示證劵之發行乃重在領取人之利益。如領取人不能向被指示人領取給付。是徒有證劵之名。並無實際之利益。可得享受。故法律爲保護領取人計。使得向指示人請求爲原有債務之給付。此乃基於當然之理解也。至此種請求。須何時可向指示人行使。要當視其證劵之性質而爲區別。從而指示證劵中之給付。如已有期間之規定者。應於期間屆後不能領取時爲之。若未有期間之規定。應於相當之期限屆滿後不能受領時爲之。凡此皆所以求實際之公允。且亦不違背當事人之意旨也。(第七一二條第一項後段)

（乙）對於被指示人之權利。　指示證劵之功用。在於被指示人之承擔及給付。欲被指示人之承擔或給付。必須領取人向之請求。故領取人得據證劵有請求被指示人承擔及給付之權。自無容疑。唯是領取人於被指示人承擔證劵後。雖得依證券之內容。請求被指示人之給付。但自被指示人爲承擔後。其請求給付。須繼續行使。蓋爲期過長。流弊滋多。故法律規定其因承擔而生之請求權。爲三年間不行使而消滅。至其時效之計算。卽以被指示人表示承擔時爲起算點。蓋不如是不足以保護當事人之利益也。（第七一七條）

第三節　指示證券之讓與及其權利之消滅

第一、讓與之規定。　證券之效用。在於流通。指示證券。爲證券之一種。故除指示人於其證券中。已有明示禁止讓與外。自無不準讓與之理。唯指示證券之性質。旣由指示人指示特定之人。行使其權利。並非任何人皆可請求。故關於讓與。不可不設特殊之規定。此本法特明示以背書爲之也。所謂背書者。卽於證券之背面或其黏單上記載讓與人。或受讓人之姓名年月日。表示其證券業已讓與。其受讓人已經取得該項之權利者也。（第七一六條一二兩項）

第二、讓與之效力。證券讓與後。卽生移轉之效力。從而受讓人得本於該項證券請求被指示人之承擔或給付。自不待言。被指示人於未爲承擔前。固可向受讓人拒絕承擔或給付。但旣經承擔後。卽有依其內容而爲履行之義務。自不得以自己與領取人間之法律關係。所生之事由。與受讓人對抗。此亦自然之理也。（第七一六條）

第三、權利之消滅。指示證券之發行。雖基於授權行爲。然指示證券。乃對物信用。並非對人信用。卽縱有遺失被盜或滅失等情事發生。亦不過領取人喪失占有其證券。並非當然無效也。故必待法院因持有人之聲請依公示催告之程序宣告無效之後。其權利始行消滅。蓋此乃保護雙方利益之規定。依指示證券之性質有不得不爾也。（第七一八條）

第二十二章　無記名證券

無記名證券。亦爲有價證券之一種。羅馬法中因債權不能自由讓渡。故無無記名證券之名。有之則自中古時代條頓民族始。其時無記名證券之形式。有純正不純正二種。不純正無記名證券之發生較早。而純正無記名證券則起源西曆九世紀末葉。厥後因受羅馬法之影響。不純正無記名證券。遂日益退步。因純正無記名證券。可添權利者爲記名式。製造後尙可變更。不純正無記名式。一面旣載權利者之姓名。一面又附加以所持人亦得爲行使其權利。與羅馬法不合。故歐洲大陸諸國。採用不純正無記名證券。頗不多見。唯英美法系。因不受羅馬法之支配。不純正無記名式尙多。如銀行支票。卽用此形式。此其大略也。

第一節　無記名證券之意義

無記名證券者。謂持有人對於發行人得請求其依所記載之內容爲給付之證券也。（第七一九條）玆分述如下。

第一、發行無記名證券。乃單獨意思表示。　蓋無記名證券。乃表示義務之證書。其發行行爲。實不外發行人願發生債務之單獨意思表示而成立。並非基於授受人間之意思合致。故無記名證券。一經作成後。發行人卽負有依證券之內容而爲給付之義務。從而證券之持有人。卽有向發行人請求給付之權利也。

第二、發行無記名證券。係發行人表示願向持有人爲給付之意思。　無記名證券權利之行使。以持有證券爲必要。與指示證券之行使略同。然指示證券之發行人。係指示他人（被指示人）向持有人爲給付。而無記名證券之發行人。則係自己向持有人爲給付。又指示證券。其行使權利者。限於券面所指名或由其人所指示者。而無記名證券之行使權利者。則不問何人。凡持有此證券者。皆可請求給付。與指示證券之性質。迥異其趣。此不可不辨也。

第二節　無記名證券之效力

第一、無記名證券效力之通則。　基於無記名證券之債務。乃因發行人欲發生債務之單獨意思表示而生。初非由於當事人間之契約。故其結果遂生下列各種之關係。分述如左。

（一）證券之給付。　就提示無記名證券之給付。爲單務契約。已如定義所述。故發行人除知持有人就證券無處分之權或受有遺失被盜或滅失之通知得拒絕給付外。皆須依證券之內容。向持有人爲給付。但發行人已以善意向無處分權之持有人爲給付者。法律爲保護發行人計。仍許發行人得因之而免除債務。蓋以拒絕給付。屬於發行人之權利。而調查持有人之有無處分權。則非其義務也（第七二〇條）至發行人明知無處分之權而故意爲給付者。是直有妨害前持有人之利益。自得依侵權行爲之規定。使之得向發行人請求損害賠償。此當然之理無俟明文規定也。

（二）證券之流通。　無記名證券之發行。爲發行人之單獨意思表示。以製就簽押後。即生效力。不以發行爲要件。故發行人須就證劵之流通。任其責任。從而證劵製就後於未發行前。因遺失被盜或其他事由與發行人意思相反而流通者。對於善意持有人。亦不得免其責任。此無他。蓋無記名證劵爲對物信用。若使持有人逐一檢查其發行之當否。殊與經濟之流通有礙。而與無記名之性質背謬也。又該項證劵製就後未發行前。發行人死亡或喪失能力者。其證劵之效力。亦不因之而受影響。蓋亦以本於無記名證劵之權利。非因授受人間之契約而生。乃因製就無記名證劵後而生也。（第七二一條）

（三）對抗持有人之事由。無記名證劵在於依證劵之內容而爲給付。發行人對於持有人。本處於債務人之地位。自不能與持有人對抗。唯在下述情形。法律特設例外。亦有許其對抗者。即（甲）本於發行證劵之無效。可以對抗持有人者。（乙）本於證劵之內容。可以對抗持有人者。（丙）本於自己與持有人間之法律關係。可以對抗持有人者。其理由與第七百一十一條第二項相同。無待詳述。（

第七二二條）

（四）證券之收回。　給付爲發行人完成無記名證券之義務。故給付後。發行人應將證券收回。以保護其利益。蓋不如是則他之持有人。仍得本於證券之內容向其請求給付。展轉相沿。發行人之責任。將無所底止。法律所以使持有人於請求給付時。應將證券交還發行人。又本此規定，發行人既因給付收回證券。則依第七百二十條第二項之規定。發行人於未知持有人無處分權。已向之爲給付者。既可因給付而免除債務。於此情形。自應使之取得證券所有權。庶將來之前持有人。不致出而主張其證券之權利。如是方足以保護其利益。而前後之規定。亦不致紛歧。

（第七二三條）

第二、證券之換給。其情形有二。卽（一）證券之毀損或變形。（二）證券之遺失與滅失是也。分述如下。

（一）證券之毀損或變形。　無記名證券之發行人。須就證券之流通。任其責任。已如前述。設因毀損或變形。不適於流通。除其重要之內容不明及識別記號不可辨認者。應使其拒絕給換以防假冒淆混外。其僅因外形之毀損與變形。而其程度尚可識別及辨認者。自應使持有人支付費用。向發行人請求給換新無記名證券。以保護其權利。惟該項證券。如爲銀行兌換券。或其他金錢兌換券者。在發行人發行之時。本有直視該證券卽爲金錢之意思。其兌換手續。又甚簡易。故關此項證券換給之費用。應由發行人負擔。如是方足保護其利益也。（第七二四條）

（二）證券之遺失或滅失。　無記名證券之遺失或滅失時。則前持有人已喪失占有。與單純毀損或變形之情形。迥不相同。若使率爾請求發行人給換新券。於保護善意占有人及發行人之利益。既鮮週到。設竟因之而使喪失權利。則待遇前持有人又未免過酷。故法律於此種情形之下。除特種證券外。（如利息年金及分配利益之證券與見票卽付之無記名證券、）概使前持有人得因此情形。向法院聲請依公示催告之程序。宣告無效。蓋不如是則前持有人不能請求發行給換新券。且無以禁止發行人向他人爲給付也。至關於公示催告之必要事項及資證明之必要材料。發行人因前持有人之請求。有爲告知及供給之義務。良以前持有人雖有公示催告之權。而此等事項。非借助於發行人。無以達其請求之目的也。（第七二五條）

第三、無記名證券之提示。其情形亦可分爲二種。述之如下。

（一）關於通常無記名證券之規定。　通常無記名證券。如就其提示訂有期間者。則經過此期間。其請求權自應因羅時效而消滅。此爲時效之性質。唯此特其原則。若前持有人在其期間前。已向法院聲請而對發行人爲禁止給付之命令者。其期間自應停止進行。以保護前持有人之利益。又關於停止期間之計算。法律訂爲自聲請發前列之命令時起。至公示催告程序終止時止。良以公示催告程序終了之後。前持有人卽應爲權利之主張。若久怠於行使。於發行人之利益。殊有妨礙。故應使其時效繼續進行也。（第七二六條）

（二）關於特種無記名證券之規定。在通常之無記名證券有遺失或滅失時。得依公示催告之程序宣告無效。已如上述。但特種無記名證券如利息年金及分配利益之無記名證券。雖與原本有主從之關係。但既獨立爲一種證券。其具有流通之性質。自不容疑。且其金額大抵皆甚低微。而給付期間又皆甚短促。自無使依公示催告之程序。以挽回其權利。故不可不設特殊之規定。以資補救。卽（甲）前持有人於遺失或滅失後。通知於發行人者。若於提示期間屆滿前。未經第三人將該項證券提示者。前持有人得依該項證券之內容。向發行人請求給付。（乙）如第三人將該項證券提示者。發行人應將不爲給付之情事。告知第三人。並於該第三人與爲通知之人合意。或於法院爲確定判決前。不爲給付。惟當上述甲款所述情形之際。前持有人於得向發行人請求給付之時。其請求權因一年不行使而消滅。蓋亦因此項無記名證券之性質。期限均極短促。急宜確定故也（第七二七條）

以上係關於利息等無記名證劵之規定。此外尚有一問題。卽無利息見票卽付之無記名證劵。其請求權之規定是也。夫無利息見票卽付之無記名證劵。在發行之時。發行人旣有見票卽付之表示。其應隨時給付。自不待言。且此證劵之性質。其效力直等於現金。而流通又較他種爲易。若使依公示催告之程序。宣告無效。反易引起交易上之糾紛。故不適用第七百二十條第一項之但書及第七百二十五條之規定。惟附隨該項證劵之利息年金及分配利益之證劵。雖與原本證劵一併發行。但其性質旣與原本證劵無異。若有遺失或滅失。自得依公示催告之程序。以挽囘其權利。並使發行人於知持有人無處分之權者。不得爲給付。此第七二八條所由規定也。

第二十三章　終身定期金

第一節　終身定期金之意義

歐美各國因不採家族制度。而盛行個人主義之結果。故其習慣因預防老後之計與人締結終身定期金之契約。實爲常有之事。我國則向無此習慣。其因此契約而成爲法律問題。實例頗少。然此制實屬預防人生將來之安全與保險之觀念極相類似。立意不可謂不善。故本法亦倣各國之法制而設本章之規定。茲將其意義述之如下。

終身定期金者。謂當事人之一方約定於自己或第三人生存期內。定期以金錢給付他方或第三人之契約也。（第七二九條）爲金錢給付者。稱定期金之債務人。受金錢給付者。稱定期金之債權人。但定期金之債權人。不以當事人爲限。故以契約向第三人爲給付者。亦屬無妨。所謂利他契約也。分析如左。

第一、終身定期金。乃契約也。　終身定期金。爲獨立有名之契約。在本法之解釋上。毫無疑義。惟此契約。雖因意思表示一致而成立。屬於諾成契約。但第七三〇條既明示以書面爲之。自應認爲要式契約。又在定期金債務人。僅負給付之義務。並無何種對價請求權。又屬無償契約。日本學者有主張分此項契約爲有償與無償二種。但有償屬於雙務契約。無償屬於片面契約。依本法之解釋。似不應採此。

第二、當事人之一造。須約明定期給付。　終身定期金之特質。因時效之經過而發生。須於一定之時期支付之。與租賃之租金、消費借貸之利息、地上權永佃權之地租、相類似。故若約定於某事項之發生而爲給付者。則非所謂定期金契約。例如約定他人每次罹有疾病時。給以療養費用之類。其關於給付之時期。一任當事者之意思。而定期金則約定按年按季按月而爲給付。均非所問。

第三、應給付之標的。須爲金錢。　終身定期金之標的。以金錢給付爲最適當。故法律亦用終身定期金之名。以期易喻。關於此點。在各國立法例。雖不以金錢爲限。但在本法之解釋上。自非所許。從而約定以金錢以外之物或權利爲給付者。應卽認爲無名契約。類推適用本法之規定。

第四、須以自己或他人之生命爲限度而負給付之義務。此種契約。既明示以終身二字。故如定期循環給付。而不以某人死亡爲終期者。即非定期金契約。

第二節　終身定期金之效力

第一、關於定期金之期間及額數之推定。　終身定期金契約。得以債務人債權人或第三人生存之期間爲約定給付。已如上述。但於契約中未表示其期間者。則於此三方面之人生存期間中。究以何者爲標準。非有明文規定。不足以杜爭端。故本法特明定於期間有疑義時。推定其以債權人生存之期間爲期間。所以如此規定者。蓋依通常情形。此種契約之締結。多半在利於債權人之生活。必債權人有不得已時。債務人方負此長期之義務。期間既未明定。則本斯立約之意旨。自應以債權人之生存期間爲期間。方合於實際之利益。又僅規定其金額而並無特別意思表示時。亦推其金額。爲一年應付之金額。良以終身定期金。在歐美各國。本名爲終身年金。非如此即難適合當事人之意思。（第七三一條）

第二、定期金支付之方法。　終身定期金之支付。如契約訂明時期者。自應依其時期而爲支付。否則使之按季預行支付。蓋爲期過長。於定期金債權人之生活。殊有妨礙。過短於實際上又極顯困難。故本法折衷當事人之意思。使之按季預行支付。所以期利於實際且最協於當事人之意思。又關於支付終身定期金之方法。本法既採按季預付之原則。設依其生存期間而定終身定期金之人。如在定期金預付後。該期屆滿前死亡者。則其計算支付。是否按照生存日數計算定期金。抑或使之取得該期全部金額。頗爲疑問。故第七三二條第二項特明示使取得該期全部金額。蓋亦以定期金之創設。多半利在債權人之生活。且既預爲支付。若竟因定期金債務人死亡而發生退還利益之問題。於保護定期金債權人之道。殊嫌未周。且亦非當事人立約之初旨。（第七三二條）

第三、定期金權利之移轉。　終身定期金之契約。乃因預防一方將來生活危險而締結。既僅以當事人一方之生存期間爲約定給付。則雙方當事人應受拘束。自不待言。從而本於該項契約所有之權利。卽含有專屬性質。與通常契約可以將其權利任意移轉於他人者迥不相同。故除有特約另訂外。卽不能將其權利移轉他人。使之本於該項契約向定期金債務人行使請求權。此乃本於終身定期金之性質當然之理解也。（第七三四條）

第四、終身定期金之終止。終身定期金之契約。既規定以當事人一方之終身爲期。則非約定以終身爲期之人死亡。其效力不能消滅。此當然之理。惟所應注意者。卽期諸終身者之死亡。究否應歸責於定期金債務人之事由是也。夫依一般之慣例而言。此時爲定期金之債務人。因發生他項法律上之問題。似定期金之債務可卽因之而消滅。唯若此則定期金之債權人。將因該債務人之行爲而縮減其權利。適足以引起莫大之流弊。而釀成謀害之慘端。甚非持平之道。故本法爲保護債權人計。使法院得因債權人或其繼承人之聲請。宣示其債權在相當之期間內仍行存續。蓋亦誅心之旨也。（第七三三條）

第三節　終身定期金之遺贈

終身定期金。通常皆屬身前行爲。然亦有因遺贈而設定者。此種因遺贈而發生之終身定期金。雖其原因異於因契約而生。唯其實質與因契約所設定者固無差異。故得準用關於本章終身定期金之規定。（第七三五條）

第二十四章　和解

第一節　和解之意義

和解者。謂當事人約定。互相讓步。就某項法律關係。終止爭執或防止爭執發生之契約也。（第七三六條）

第一、和解者契約也。　和解係契約之一種。此種契約因當事人意思合一。即生效力。故爲諾成契約。不拘定式。故爲不要式契約。當事人所負義務互爲報償。故爲雙務契約兩造各失其利益之一部。故爲有償契約。至因和解成立後。關於履行和解所爲之物或權利之移轉。得適用第三四七條之規定。與同時履行危險負擔問題。得適用第二六四條及二六六條之規定。所不待言。

第二、和解爲當事人約定就某項法律關係終止爭執或防止爭執所發生之契約。此項法律關係。含義至廣。不問其是否在審判外所生。抑或已經成訟繫屬法院。且不問其已否生爭執之事項。卽將來可發生爭執之事項。而預先和解以防止爭執者。亦爲法所不禁。至其爭執之標的。爲物權、爲債權、爲財產權、爲身分權、皆非所問也。

第三、和解須雙方互相讓步。所謂互相讓步者。卽雙方互讓均蒙損失之意。換言之。卽各自捐棄其若干利益。使雙方意見趨於一致狀態。歸於明確之謂也。從而僅一方拋棄其利益。而他方並未蒙絲毫損失者。祇可認爲原來法律關係之自認。卽非本法所謂和解。至關於損失之內容。法律並無限制。故如一部拋棄。或一部承認。或全部拋棄。或雖承認而另受他種報酬。以及承認全部之權利而期限展緩或利率減輕者。均於和解之成立無妨也。

第二節　和解之效力

第一、關於權利得喪之狀態。　和解契約成立。則當事人間之契約終止。此後不得再就其權利關係。提起訴訟。此本於和解之性質所必然者也。雖然。和解之互相息爭。乃不問當事人間實體上之權利若何。特以該契約確定其權利關係。此種關係。究係創設性質。抑屬認定性質。與權利之得喪。出入頗鉅。不可不有明文規定。以杜爭端。此本法第七百三十七條特明示採用創設性質也。從而因和解契約成立。其當事人一造有權利。及相對人喪失權利時。皆視爲自和解成立之後。始取得其權利。或喪失其權利。並非視與本來卽有此權利或喪失此權利也。關於此點。與德國民法採取認定性質之主義不同。蓋就純理言。和解契約一經成立。卽應受其拘束。自無使之得主張訂約前之餘地。故若採認定性質。反使其效力薄弱。當事人之權利關係。仍虞不確定也。（第七三七條）

第二、關於撤銷之規定。和解契約成立後。其權利之狀態。已由爭執而趨於確定地位。一經成立。當事人間應卽受其拘束。自無疑義。從而卽使其內容於一方當事人有不利益時。亦不得以錯誤爲理由而主張撤銷。唯若實際之狀況。與和解之內容已確有不符時。若仍令其不能主張撤銷。不免有違反當事人之意思。本法第七三八條特設下舉之例外。茲分述之。

（甲）和解所依據之文件事後發見爲僞造或變造。而和解當事人如知其爲僞造或變造。卽不爲和解者。

（乙）和解事件。經法院確定判決。而爲當事人雙方或一方。於和解當時所不知者。

（丙）當事人之一方。對於他方當事人之資格或對於重要之爭點。有錯誤而爲和解者。

上列三種情形。或係當事人對於事物全無認識。或對於事物無正確之認識。此種情形。在意思表示中。均屬重大之錯誤。與通常之錯誤。迥不相同。許其得爲撤銷和解。所以期其與實際符合也。

第二十五章　保證

第一節　保證之性質

保證云者。謂當事人約定。一方於他方之債務人不履行債務時。由其代負履行責任之契約也。（第七三九條）負此義務者。謂之保證人。其他造之債務人。謂之主債務人。茲先述其淵源如左。

保證債務。發源於羅馬。嗣由德意志普通法及法國民法規定而昌明。降及今世。爲多數各國所採用。惟在羅馬法中所認保證債務。其性質有三。即（一）陪約謂陪爲主債務者而結約也。蓋債務者爲主債務者。保證人爲從債務者。主債務者與從債務者。同時對於相手方結約。故謂之陪約。（二）貸金委任例如甲告乙云某丙頗有信用。可貸以金若干。我當爲之保證。斯時爲主債務者。尚未發生。與陪約之已有債務者有別。故又謂之預先保證。（三）他債擔認。例如甲告乙云丙爲爾之債務者。我願爲之保證。若丙不淸償其債務。予卽代爲淸償。斯時爲主債務者。已先發生。與陪約之同時結約者。又迥有差異。故又謂之日後保證。現今各國立法例之普通保證。卽屬上述之陪約。其他如貸金委任及他債擔認。多不採用。本法旣未限制保證契約之訂立。須與主債務同時結約。則預先保證與日後保證之締結。尚不違背保證之性質。自非所禁。茲將前述定義分析如下。

第一、保證債務者契約也。　此項契約。因保證人與債權人間之意思合致而成立。不問保證人與主債務者之關係若何。故爲諾成契約。不拘定式。又爲不要式契約。契約成立後。僅保證人對債權人負有義務。債權人並無何種負擔。又屬片面契約也。

第二、保證債務。爲對人擔保。　保證債務以確保其債權之淸償爲目的。有代人履行之義務。非如物上之擔保。僅以自出其物爲擔保後。使其債務之責任。已了結也。故在保證債務成立後。主債務者不履行時。債權者對於保證人。可提起訴訟。並可責令賠償。而對於物上擔保人。祇可責卻其物以代淸償。不能對擔保人所有其他財產主張代償之權利也。惟既云保證人負代償責任。必須其債之標的。得由第三人代爲履行者始可。否則不適於締結契約。例如對於婚姻或繪畫履行之契約爲保證者。其後主債務人不能履行時。亦只能成立一種獨立之損害賠償契約。不能以保證論也。

第三、保證債務。爲從債務。　從債務者。附隨於主債務而發生之債務也。蓋保證債務。以主債務人不履行時始負代償之責。如甲與乙間本無債務內忽出而保證。縱使締結保證契約。亦必無效。何也。以無代償之可言也。唯若逆料其債務必將發生。而預先爲之保證者。此時主債務雖非先行成立。亦得爲有效。此乃因債權者與保證者兩方面之權利義務。必待其條件到來。始能發生也。此項情形。仍爲主債務先存在。不過須其條件到來而已。

第二節　保證之範圍

保證爲從債務。已如上述。因之遂生下列三種結果。分述如次。

第一、保證之目的。須與主債務同一。所謂與主債務目的同一者。卽保證債務之給付。不獨須與主債務同其種類。凡由主債務所生之結果。均應包含在內。從而對於主債務本來目的之原本無論矣。其他如關於主債務之利息、遲約金、損害賠償、及一切附屬於主債務而發生者、苟非另有特約。保證人均有給付之義務。關於此點。在各國法制所採主義有二。一曰寬泛主義。二曰非寬泛主義。非寬泛主義者。保證債務。其保證人給付之範圍。因主債務者之擴張及變更而亦從之擴張變更。惟其擴張變更。以由主債務者自身發生爲限。設若係主債務者之附屬。而與主債務可以獨立發生之債務。如利息違約金之類。不在保證債務之列。寬泛主義則不然。凡附屬於主債務者所發生之債務。均包含在內。本法第七百四十條明訂保證債務契約包含主債務之利息、違約金、損害賠償、及其他從屬於主債務者之負擔。蓋採寬泛主義也。茲引申其義如左。

所謂利息。係指本身之利息而言。若遲延利息。則包含於損害賠償中。所謂違約金。如關於全部不履行之違約金。與遲延之違約金。皆是。所謂損害賠償。即因主債務者之遲延或過失。致增加主債務者之負擔者。是所謂凡從屬於主債務之負擔者。如敗訴後之訴訟費用之類是也。

第一　保證債務之內容、不得重於主債務者之負擔。　法律所以如是規定者。乃本於主從關係之結果也。蓋保證債務。保證人所負擔者。爲主債務人不履行之債務。若使保證人負過重之義務。則流弊滋大。且與創設保證之旨不符。故如保證契約。爲千元之負擔。而主債務人只負五百元之債務。或保證契約。爲單純通常之債務。而主債務爲附有期間或條件附之債務者。其保證責任。應使縮減至主債務之限度。而對於過重之部份。則不能認爲有效。此與羅馬法中所採之主義頗不相合。蓋羅馬法中保證人之負擔。較重於主債務人時。認其契約全部無效。現今各國多不採取。良以保證債務不使較重於主債務者。乃法律爲維持保證效用之鞏固也。若因其較重之故。而卽令其全部無效。則不但有拂債權人希望保證之意思。且使債務者因過重保證之無效。而感受重覓保證之困難。故惟使縮減與主債務之限度相合。對於過重之部份。免其責任。則保證人之負擔既輕。債權人之保證亦得穩固。債務者亦不致因過重之故而生意外之變。最爲平允。（第七四一條）

第三節　保證之效力

第一、保證人與主債務人之關係。

（一）保證人明知主債務無效而締結保證契約時。 保證契約以擔保主債務人之履行而締結。必以主債務之存在爲前提。故就純理言之。主債務人之債務因錯誤或能力欠缺而締結者。爲主之債務。既可取消。則爲從之保證債務亦當然取消。自不容議。惟保證人若明知可取消之情事而仍爲之保證者。亦使適用此原則。非惟不足以保證債權者之利益。並且易長欺詐之風。本法第七四三條規定關於明知上述情事而爲保證者。認其保證契約爲有效。惟僅云保證契約爲有效。並不及於主債務者。則主債務者之債務。可以取消。自無疑義。夫此時主債務既已因錯誤或能力欠缺而取消。則保證債務之存在。又將何所附麗。各國法例。關於此點有推定其爲獨立之債務者。本法雖未明定。但依保證契約之性質。必附隨於主債務而存在。此時主債務者既因故取消。則應認此保證債務爲獨立之債務。不待言也。

又上述之規定。必須主債務取消之原因本於法律行爲之錯誤或能力欠缺者。

方適用之。若因債權人詐欺或强迫之故而取消者。此時之保證人雖明知其情事。而爲保證者。亦許取消。蓋以詐欺與强迫。大有害於公益。若不使保證債務得隨主債務取消。是債權人得遂其詐欺强迫之目的。非法律持平之旨也。

（二）保證人得主張主債務人之抗辯事由。　保證債務既爲從債務。故不但因自己所有抗辯之事由。得向債權人主張抗辯。即主債務人之抗辯事由亦得主張。何也。以保證債務。仍即主債務人之債務也。從而主債務人之抗辯事由。如留置權之抗辯。有擔負時主張不實行擔負之抗辯。與夫履行不能。非因歸責於主債務人之事由之抗辯。保證人皆得逕行主張也。又此抗辯權之行使。雖基於主債務者而發生。但並不受主債務者意思之拘束。縱令主債務者已表示拋棄其抗辯之利益。保證人仍得主張以爲抗辯。此無他。蓋抗辯權非僅主債務人之利益也。（第七四二條）

（三）保證人拒絕履行之權利。列舉於左。

（甲）主債務人有撤銷權而不行使時。　主債務人就其發生債之原因有撤銷權時。則其債務。尙未確定。此時在主債務人。固可行使其撤銷權而不爲給付。保證人自無單獨履行義務之理。惟得撤銷之法律行爲。究非當然無效之行爲。其撤銷與否。本屬主債務人之自由。保證人旣未便直接代爲行使。且一經相當之期間。或合法之追認。其債務卽屬完全有效。若長使其有拒絕淸償之權。於理亦殊不合。故本法使保證人於主債務人有撤銷權時。許其得拒絕債務之淸償。（第七四五條）

（乙）債權人未就主債務人之財產强制執行而無效果時。　保證人之負擔償還義務。以主債務人不履行時。始負責代償。若主債務人本有履行之可能。而債權人並未向其請求。或雖向其請求。尙未至絕無淸償之希望者。遽使得向保證人請求淸償。與保證爲從債務之意旨。殊有乖背。此法律所以賦予保證人以拒絕淸償之權。卽學者所謂先訴抗辯權是也。（第七四五條）

關於此點。各國法制。不盡相同。要而言之。約有三種。（一）債權者於債務者不履行時。須先向主債務人請求淸償。於就其財產爲强制執行而仍無實益以前。保證人得拒絕淸償。此主義濫觴於羅馬奚司的尼帝時代。日本民法以前之法律。及德國民法。均如是規定。先訴抗辯權之名義。實由此起。（二）同時履行之請求權。卽債權者一面得向主債務者要求履行。一面要求保證人履行。其辦法與共同債務者同。此主義淵源於羅馬古代法。西班牙民法卽採用之。近世學者以保證債務。幷非共同債務。若同時請求履行。有反於保證爲從債務之性質。（三）債權者要向主債務人依法催告無效。再向保證人請求履行。若債權者不證明已催告無效之事由。則保證人得拒絕履行之請求。日本民法卽採此主義。本法第七四五條之規定。蓋採用第一種之法制爲原則。但非無例外。茲分述如下。

（子）保證人拋棄其抗辯權者。　先訴抗辯權。本爲保護保證人之利益而設。若保證人已表示拋棄此項權利或預以契約訂定捨棄此種權利。是承認爲債務者負擔義務。故法律不許保證人再行主張。蓋私權捨棄。本屬人之自由。一經表示。即應受其拘束。自無再行主張之理。（第七四六條第一款）

（丑）保證契約成立後。主債務人之住所營業所或居所有變更。致向其請求清償發生困難者。所謂執行發生困難者。不必其住所等不明時。始可適用。即其住所等雖非不明而遠隔異地。非耗過鉅之費用。不能達其清償目的者。亦均包含在內。蓋此等情形。雖債權人未至必不可請求清償。但既已發生困難。自應使保證人負直接履行之責。方符保證之意旨。（前條二款）

（寅）主債務人有受破產之宣告者。主債務人破產。必其財產。不足以清償債務。方受此等宣告。此時債權者雖向其請求。亦終難達全部清償之目的。故除逕向保證人請求外。實別無他途。保證人自不得爲拒絕之抗辯也。（同條三款）

（卯）主債務人之財產不足清償其債務時。所謂財產。兼動產不動產及其他債權而言。主債務人之財產。既不足清償其債務。當然由保證人清償。此乃保證性質所必然之理。（同條四款）

（四）保證人受請求履行及中斷時效之影響。保證債務於主債務人不履行時。須負代償之責。已如前述。故債權人對於主債務人所爲之請求及中斷時效。雖非對保證人直接爲之。然對於保證人亦不能不生效力。何也。以保證債務爲從債務。債權人既向主債務人請求履行或中斷時效。是不啻間接對於保證人亦爲請求履行及中斷時效也。茲就請求履行言之。債權經合法請求後而不履行。應任遲延之責。如主債務人經債權人請求而不履行時。致發生損害者。應負賠償之責。自不待言。依第七四〇條之規定。此等損害賠償債權人當然可向保證人請求。若不以明文規定使其效力及於保證人。則保證人將藉口於未受此等請求不爲負擔。是使無過失之債權人。因之受損。豈非有失法律保證之旨趣。再就中斷時效言之。時效因承認起訴等事由而中斷。如不明訂其效力及於保證人。則保證人必因時效之經過而免除其責任。此時主債務既未消滅。若竟因之而失保證於債權人之保護。殊形薄弱。此本法所以特明示其效力也。（第七四七條）

第二、多數保證人相互間之關係。同一債務。保證人有數人而未明訂其保證額數時。其相互間之關係若何。從來立法例有二。（一）爲分別擔保。卽推定其平等分配擔保之責。（二）爲連帶擔保。卽不問保證之意思若何。令其各負全部保證之責。前者淵源於羅馬帝政時代。爲日本民法所援採。專注重於保證人之利益。後者淵源於羅馬古代法。爲德國民法所援採。其目的在鞏固債權者之效用。兩法制雖有所長。但以保證之性質而論。若僅採第一主義。其保證人中之一人。如無資力時。則債權人必受其影響。此我國法制不採日制而採德制也。（第七四八條）

保證人既負連帶責任。則各有清償全部之義務。自不待言。不過保證人之負全部義務。乃對債權人之關係。並非對於內部之關係也。從而保證人如已爲全部淸償之後。不但對於主債務人可請求返還代償之額數。並得向他保證人就平等擔保之義。請求平均分擔。必然之理也。

第三、保證人與主債務人之關係。

（一）保證人之淸償返還權。　保證人既代主債務人淸償債務。或以此外出捐之方法消滅其責任。自不可使保證人終受損失。蓋保證人惟有保證之責。對於履行義務。乃代他人負擔。非自己應行負擔也。本法爰使債權人將對於主債務人之債權。於其所受淸償或其他出捐之限度內。移轉於保證人。以保護其利益。所謂代位權之行使是也。（第七四九條）

（二）保證人向主債務人免責請求權。　受主債務人之委任而爲保證者。與通常自願擔保者。其意義既有不同。其義務應有限制。此法律許受委任之保證人得向主債務人請求免除保證之責。但外國法例。於此情形。亦有許保證人得向主債務人預行求償以資保護者。本法倣德國民法之規定。僅認其有免責之請求權。

茲將第七五〇條之規定析言如下。

（甲）主債務人之財產。顯然減少者。　主債務人財產。顯然減少。雖非對於債務不能清償。然既有減少情形。與不能清償之程度。已漸相接近。且保證人所以願受委任而爲擔保者。以債務人之財產豐富。不虞有他變也。今既顯然減少。則與保證人當初受委任作保證之意旨不符。自應使之向主債務人請求免責。方足保其利益。

（乙）保證契約成立之後。主債務人之住所、營業所、或居所、有變更。致向其請求發生困難者。　蓋以此等情形。債權人本可直接向保證人請求代償。不使向主債務人請求免責。於保證人之利益。殊有危險之可虞。

（丙）主債務人履行債務遲延者。　債務已至清償期而主債務人履行遲延。勢必至發生損害賠償。加重保證人之負擔。許保證人向主債務人請求免責。所以資保護也。

（丁）債權人依確定判決。得令保證人清償者。判決確定。則保證人代償之義務。已不可避免。此時其責任之負擔。甚爲切近。故亦許其請求免責。

以上四款。前二款僅主債務人有難於履行之虞。其債務則尚未至清償期間。後二款乃債務已至清償期間。主債務人如受保證人之請求。直接向債權人清償。保證人之責任。固可因之而免。卻若未至清償期間。此時主債務人既無給付之義務。保證人雖可向主債務人請求免責。亦只兩造間之內部關係。對於債權人並無影響。故惟使主債務人提出相當擔保。於保證人。方足以保護其利益。此第七五〇條第二項所由設也。

第四、保證人免責之原因。　保證債務。依其性質言之。除主債務消滅外。別無對於債權人免責之理由。然事實上亦有可主張免責者。茲分述如下。

（一）債權人拋棄其爲保證債權之物權者。　同一債務。既附有人之擔保。而又附有物之擔保者。則爲此保證之物權。與保證人之責任。至有密切之關係。極爲明顯。蓋就保證人保證之意旨論之。此時債務既附有物之擔保。必其債權之效力較爲鞏固。保證人所以肯爲之擔保者。亦必以物權之保證存在。可減輕其責任也。至物權保證之效力。債權人於接收其物權擔保後。必取得該物權之質權。在債務人不能淸償時。固可先行賣卻其物。以充淸償。僅不足之額數。歸保證人負擔。是保證人之責任。固有限制也。從而推廣其義。債權人拋棄其爲債權擔保之物權者。應使保證人就其所拋棄之限度內免其責任。方足保護保證人之利益。否則若不縮減保證人之責任。是使保證人受意外之負擔。殊非法律平允之旨。此第七五一條所由設也。

（二）定期保證。　就現存之債務。約定於一定期間而爲保證者。則在締約之始。其保證人之責任。業已明訂。債權人應卽於期間內向保證人爲審判上之請求。否則若任意遲延。是自行放棄權利。保證人自可因之免其責任也。（第七五一條）

此外就有期間之債務而為保證者，其性質雖與上述不盡相同，但其債務清償之期間與保證人之利益關係至鉅。債務清償之期間既屆，債權人即應向主債務人催索，否則若任意使主債務人遲延，是直使無過失之保證人負擔永續之責任，自為法所不許。故除債權人許主債務人延期，已得保證人之同意外，保證人自不負保證責任。（第七五五條）

（三）不定期保證。不定期之保證，其情形有二，即普通保證與連續保證是也。普通保證者，為保證之主債務，其額數業已確定，僅保證之自身未定有期間，此時自應視主債務之期間而為標準。如主債務者之債務已屆清償期間，保證人於其期間屆滿後，得定一個月以上之相當期間，催告債權人於期間內向主債務人為審判上之請求。設債權人經其催告，不於其期間限度內為之者，是直蔑視保證人利益，故意遲延，妨害保證人之權利，應使保證人因期間之經過，免其責任。（第七五三條）連續保證者，乃就連續發生之債務而為保證，非保證之自身未定期間。卽主債務之額數。尙繼續增長者也。其性質本具有永續之意義。然人之財力。難期歷久無變。且約束過甚。亦非所宜。故法許其隨時通知債權人爲契約之終止。此項通知。到達於債權人時。卽發生效力。從而債權人於接收其通知後。卽不能再責令保證人負擔以後所發生之債務。亦當然之理也。（第七五四條）

第四節　信用委任

信用委任者。因委任他人。以該他人之名義及其計算。供給信用於第三人。就該第三人因領受信用所生之債務。對於受任人負保證責任也。其與第五七〇條所訂之受託而爲保證者不同。蓋一則其委任人爲直接之主債務人。一則其委任人。爲間接之保證人。例如甲爲委任人。乙爲受任人。丙爲第三人。甲委任乙用乙之名義及其計算。供給信用於丙是也。此種情形。就其在供與信用實施之前言之。爲一種委任關係。然在實施之後。因供給信用之故。致乙丙間發生債務。則又與保證相近。自應適用保證之規定。良以丙之債務。實緣甲而起。使甲負保證之責。最爲合於實際。且亦協於當事人之意思。（第七五六條）唯此項須注意者。卽信用委任之要件第一、須以受任人名義供給信用。若用委任人名義。則乙係甲之代理人。與信用委任不合。第二、須以受任人爲自己計算供給信用於第三人。若爲委任人計算時。亦屬尋常之委任。與信用委任亦不相符。皆不能適用保證之規定也。

——完——

中華民國二十年九月初版

民法債編各論（全一册）

△（定價實洋一元貳角）

（外埠酌加郵費匯費）

編著者 章維清

主編者 汪翰章

鑒定人 石頫

上海北福建路二號

發行人 沈駿聲

上海四馬路九十九號

總發行所 大東書局

上海北福建路二號

印刷所 大東書局

發行所 上海四馬路 各省 大東書局